VIE

DE

MONSEIGNEUR DOUARRE

Évêque d'Amatha, Missionnaire apostolique,

ANCIEN CURÉ D'YSSAC-LA-TOURETTE

ET PREMIER APÔTRE DE LA NOUVELLE-CALÉDONIE, DANS L'OCÉANIE,

PAR

M. l'Abbé CHAUMETTE, E. J. M.

Curé de la même paroisse,

Membre correspondant de l'Académie de Clermont-Ferrand.

RIOM

IMPRIMERIE G. LEBOYER, RUE PASCAL.

—

1880

VIE

DE

MONSEIGNEUR DOUARRE

APPROBATION.

Imprimatur.

† J. PETRUS, Episcopus Claromonten.

VIE

DE

MONSEIGNEUR DOUARRE

Évêque d'Amatha, Missionnaire apostolique,

ANCIEN CURÉ D'YSSAC-LA-TOURETTE

ET PREMIER APÔTRE DE LA NOUVELLE-CALÉDONIE, DANS L'OCÉANIE,

PAR

M. l'Abbé CHAUMETTE, E. J. M.

Curé de la même paroisse,

Membre correspondant de l'Académie de Clermont-Ferrand.

RIOM

IMPRIMERIE G. LEBOYER, RUE PASCAL.

1880

AVANT-PROPOS

Cette notice sur la vie de Mgr Douarre n'était pas destinée à paraître ; mais plusieurs de nos amis, à qui nous avions communiqué notre travail, nous ont engagé à le publier dans la pensée qu'il recevrait un accueil favorable.

Mgr Douarre, fils d'un ouvrier papetier de La Forie, près d'Ambert, fut l'artisan de ses œuvres apostoliques ; il fut une des gloires de notre pays. Il sut plaire et se concilier les sympathies de tous ceux qui le connurent.

A Yssac-la-Tourette, où il resta quelques années comme curé, il fit un bien immense dans cette paroisse. Sa mission chez les sauvages de l'Océanie restera comme un monument de ce que peut faire un apôtre zélé et intelligent. Parmi les premiers établissements qu'il fonda dans la Nouvelle-Calédonie avec le concours de ses compagnons, il en est plusieurs qui ont prospéré, malgré les vicissitudes et les difficultés des commencements, au milieu de populations sauvages et adonnées à l'anthropophagie où il faillit plusieurs fois perdre la vie. — Ballade, Pouébo, Nouméa sont devenus des noms aussi célèbres que celui de l'île des Pins, où il jeta les premiers éléments de la foi.

Sa vie si active et si remplie de l'esprit de Dieu fut relativement courte, mais il passa sur la terre en faisant le bien. Comme un nouveau Moïse, il n'eut pas la consolation de voir consolider son œuvre dans cette nouvelle terre promise assignée à son zèle. Cependant la mission était fondée quand Dieu vint le ravir à la terre pour le récompenser dans le ciel. Il succomba à la peine; mais l'œuvre de la civilisation a continué depuis, et de nos jours on compte plusieurs stations chrétiennes dans ces plages sauvages où jamais avant lui l'Evangile n'avait pénétré.

Pour conserver la mémoire d'une vie si bien remplie et si méritoire que d'autres ont essayé d'écrire avant nous (1), nous avons recueilli les traits qui nous ont paru les plus intéressants pour l'édification du public.

(1) Nous avons consulté la Vie de Mgr Douarre racontée par M. Vimal, d'Ambert, son condisciple ; celle décrite par l'auteur de la Vie du capitaine Marceau, le R. Père Mayet, de la Société des Maristes : c'est un Auvergnat et un ancien élève du séminaire de Montferrand. Nous devons aussi beaucoup à l'obligeance de M. J. Taragnat, de la Tourette, qui nous a fourni des documents précieux; il partit pour l'Océanie avec Mgr Douarre.

Appelé par la Providence et par la bienveillante bonté de Mgr Féron à être un de ses successeurs dans la direction d'une pieuse paroisse qu'il avait évangélisée, nous nous sommes fait un devoir de condenser dans un modeste travail la vie d'un saint et du premier apôtre de l'Océanie.

Nous faisons hommage de notre livre à nos chers paroissiens, qui sont dignes de toute notre estime et de nos affectueuses sympathies. Puisse-t-il produire quelques fruits de salut, procurer la gloire de Dieu, consoler l'Église et édifier l'Auvergne qui donna le jour à un des hommes célèbres des temps modernes !

Yssac-la-Tourette, 1er septembre 1880.

VIE

DE

MONSEIGNEUR DOUARRE

Évêque d'Amatha.

Monseigneur Douarre (Guillaume), naquit le 16 décembre 1810 au village de La Forie, commune de Job, près d'Ambert. Il était le fils d'un ouvrier papetier.

Après avoir fait ses études classiques au collége d'Ambert, il entra au grand séminaire de Montferrand. La pauvreté de ses parents ne lui ayant pas permis d'y achever sa théologie, il fut admis sur la recommandation de ses directeurs dans le diocèse d'Orléans où il fut ordonné prêtre. Une respectable famille de Champétières (Lhéritier), près d'Ambert, avait fourni au jeune aspirant de quoi subvenir aux premières dépenses.

Revêtu de la prêtrise, il fut nommé vicaire à Ouzouer-sur-Trézier, près de Briarre, au commencement de juin 1834. Au début de sa carrière ecclésiastique, Dieu lui accorda une grâce inappréciable en le plaçant près d'un vénérable curé rempli de charité et de talents, et d'une régularité telle que les exercices de piété se faisaient en commun au presbytère comme au grand séminaire. C'était M. Douarre lui-même, qui donnait tous ces détails dans une lettre à ses bienfaiteurs de

Champétières. Touché des soins dont il était entouré, il ajoutait : « Qu'il était l'enfant gâté de la Providence. »

Mais un an ne s'était pas encore écoulé que de graves motifs réclamèrent son retour dans sa chère Auvergne. Peut-être le souvenir de ses montagnes, pesant un peu dans la balance, exagéra-t-il à son esprit les raisons qui le rappelaient dans son pays natal et précipita-t-il ses démarches ? Sans doute, Dieu avait ses desseins pour en faire plus tard l'apôtre des sauvages.

Après avoir quitté Orléans, M. Douarre vint s'offrir à Mgr Féron, évêque de Clermont, qui lui proposa une place de précepteur dans une honorable famille ; mais il refusa avec modestie, ne voulant pas imiter saint Vincent-de-Paul dans la maison de Gondy, sous prétexte qu'en vivant au milieu du monde, on est exposé à prendre l'esprit du monde.

Peu de temps après, M. Viallon, originaire de Job et curé d'Yssac-la-Tourette, étant malade et devenu infirme, réclama M. Douarre, son compatriote, comme vicaire. Mgr Féron daigna acquiescer à cette demande.

Lorsque M. Douarre, qui était envoyé pour soulager la vieillesse du vénérable curé d'Yssac-la-Tourette, traversa le village, portant sous son bras tout son mobilier, les habitants parurent surpris et même humiliés de ce qu'on leur envoyait un vicaire si peu fourni des choses nécessaires.

Mais cette disposition peu favorable disparut en peu de temps. Les habitants de la Tourette, revenus de leur première impression, aimèrent leur vicaire plus qu'ils ne l'avaient dédaigné ; lui-même les aimait tendrement, et il se dévoua à eux corps et âme. Il s'établit entre le curé et le vicaire une intimité, une réciprocité de prévenances et d'amitié qui fit l'admiration de toute la paroisse. De si bons exemples ne sont jamais sans fruits pour les âmes. Comme M. Viallon était doué d'un tact exquis et d'une rare prudence, M. Douarre trouvait toujours auprès de lui les sages conseils dont il avait besoin pour la direction des âmes. De son côté, le vicaire cherchait à rendre à son curé, en soins affectueux, les attentions dont il était l'objet. Lorsqu'il fallait porter le pauvre infirme de son lit dans un fauteuil, M. le curé disait : « Laissez, je vous prie, ce soin à » mon abbé, en remerciant les personnes qui voulaient » lui rendre ce service : mon abbé fait cela mieux que » personne. »

Dieu bénit son ministère et lui accorda une grâce spéciale qu'il ambitionnait par-dessus tout : c'est que tout en gagnant les sympathies des habitants de la Tourette, il eut le bonheur d'entretenir dans tous les cœurs le respect, l'affection et la reconnaissance pour le pasteur infirme qui ne pouvait plus paraître au milieu de son troupeau : non-seulement il prodiguait ses soins à son cher malade pendant le jour, mais il se fit son garde-malade pendant la nuit. « L'amitié et surtout » l'estime que j'avais pour lui, disait M. Douarre, me » donnaient des forces et je ne trouvais rien de » pénible. » Mais bientôt, le 24 juillet 1836, M. Viallon alla recevoir au ciel la récompense due à ses vertus et à ses longues souffrances. Peu avant sa mort, il disait, en parlant de son vicaire : « Ce cher abbé » mérite tout mon attachement et possède toute ma » confiance, il se conduit à mon égard comme si tout » était agrément pour lui autour d'un pauvre infirme ; » il est pour moi moins un vicaire qu'un fils respectueux, » dévoué et compatissant. » Peu de jours après, le vicaire accablé de douleur écrivait lui-même : « Mon » bonheur a été de courte durée. La paroisse a perdu » son bienfaiteur, les prêtres un modèle de toutes les

» vertus, et moi un guide et un ami. » Comme témoignage d'affection, le vénérable curé légua à M. Douarre sa bibliothèque. *Son Dieu* et *ses livres*, selon l'expression d'un auteur moderne, voilà le grand trésor du prêtre !

Après la mort de M. Viallon, toute la paroisse se leva pour demander que le pasteur fut remplacé par le vicaire dont on avait apprécié les vertus. Mgr Féron, tout en ne voulant pas déroger à ses ordonnances diocésaines, laissa M. Douarre quelque temps à la Tourette, pour achever les travaux d'une chapelle latérale à l'église, et pendant ce temps, le vicaire chercha à s'oublier lui-même et se conduisit de façon à disposer la paroisse à faire un accueil favorable au successeur de M. Viallon (1). Puis, il partit accompagné des regrets de toute la paroisse. Il éprouvait néanmoins quelque peine d'abandonner son troupeau et disait avec simplicité : « J'ai peut-être trop écouté la nature et cédé » à mon insu à la voix de la chair et du sang, en revenant dans mon Auvergne, quoique je crusse avoir des » motifs d'agir ainsi. Je devrais être dans le diocèse » d'Orléans qui manque de prêtres. Dieu me punit; je » l'ai bien mérité ! »

En quittant Yssac-la-Tourette, M. Douarre fut envoyé à Saint-Maurice-de-Pionsat. Ce nouveau poste mit sa prudence à l'épreuve ; mais avec son habileté ordinaire, il parvint à réconcilier le troupeau et le pasteur qui étaient désunis. Cette conduite lui gagna non-seulement les sympathies du curé, mais encore celles des prêtres du voisinage. Vers la fin de l'année 1837, M. le curé d'Ambert eut l'intention de réclamer sa collaboration et le fit sonder par un de ses amis :

(1) M. Viallon fut remplacé à la Tourette par M. Bujadoux, qui devint ensuite aumônier de la Visitation de Clermont.

« Je suis homme d'obéissance, répondit M. Douarre, » je ne demanderai rien et ne ferai rien demander à » monseigneur, mais j'accepterai le poste où Sa Grandeur » m'enverra. » C'est ce qu'il avait déjà dit à Mgr Féron après la mort de M. Viallon : « Monseigneur, votre » volonté sera toujours la mienne. » Disposition vraiment sacerdotale pour le bon prêtre, dans l'exercice de son ministère.

En 1838, on écrivit de l'évêché au jeune vicaire de Saint-Maurice : « Mon cher abbé, votre conduite » à l'égard de M. Viallon, et je dois vous le dire, à » l'égard de votre second curé, a été la cause de votre » nomination à Yssac-la-Tourette ; j'en ai éprouvé » presque autant de joie que vous en aurez vous-même, » et Madame la Baronne Spy-des-Ternes, que monsei- » gneur a fait prévenir, semble pour la première fois, » depuis l'époque de la mort désolante de son fils, avoir » ouvert son cœur à la joie. » C'est qu'en effet, les habitants de la Tourette n'avaient jamais perdu de vue M. Douarre, et que Mme des Ternes, cette digne et sainte femme (1), la providence des pauvres de cette paroisse, ne cherchait plus sa consolation que dans les œuvres de piété et de charité : elle savait aussi que celui qui avait déjà compris et secondé ses œuvres de bienfaisance, ferait le bonheur de cette bonne population.

C'est là, comme curé, nommé en octobre 1838, qu'il déploya tout son zèle et fit bénir Dieu. Cette paroisse, composée de six cents âmes environ, était comme une famille. La piété était si bien établie que même pendant la semaine, l'église était pleine à l'heure de la messe et que tous les hommes, à part trois ou quatre, gagnaient

(1) Mme des Ternes était une demoiselle de Fretat, dont la famille possédait le château de la Tourette avec de belles propriétés.

leurs Pâques (1). M. Douarre ne mit point de bornes à son dévouement pour ses paroissiens. Il se faisait tout à tous, selon la parole de Saint-Paul, pour les gagner tous à Jésus-Christ. Les habitants de la Tourette se faisaient un devoir par leur docilité et leur affection de répondre aux soins et aux bienfaits de leur pasteur. Il était devenu si populaire qu'un homme d'une paroisse des environs disait dans la simplicité de son rustique langage : « Notre curé est bien bon, mais il ne vaut » pas celui de la Tourette : il aime trop à se trouver » avec les riches ; celui de la Tourette va avec les » paysans comme avec les bourgeois, il cause avec » eux et se trouve bien dans leur compagnie. »

De vieilles masures encombraient l'entrée de l'église ; il eut soin de les faire disparaître. Il acheta une chaire, établit le chemin de la croix et embellit l'église et la sacristie. Toutes ses modestes ressources étaient consacrées au culte ou à la charité. Il récompensait largement le moindre service qu'on lui rendait. Les pauvres et les malades attiraient son attention ; il les visitait souvent, donnant une aumône à ceux qui en avaient besoin et une consolation à tous. Sa charité le rendait ingénieux pour être utile aux malades et leur procurer des remèdes. Secondé par la charitable et pieuse Mme des Ternes, il fit bâtir un couvent et y appela les religieuses de la Miséricorde de Billom, pour l'instruction de la jeunesse et le soin des malades. Il y ajouta même une pharmacie en faveur des indigents de la Tourette. Lorsqu'il manquait d'argent pour ses bonnes œuvres, « *il lui suffisait*, disait-il, *de faire une tournée* » *dans sa paroisse pour recueillir cent écus.* »

(1) Ce qui se pratiquait du temps de M. Douarre, se conserve encore de nos jours.

Cette paroisse était si édifiante et l'esprit de religion qu'on y voyait était si touchant que Mgr Féron, après une visite qu'il y avait faite, disait lui-même : « Si je » pouvais me débarrasser du fardeau de l'Episcopat, » mon bonheur serait d'être curé de ce village. » C'était comme un coin de terre privilégié en Auvergne, comme un joyau parmi les autres paroisses du diocèse. Puisse-t-elle se conserver pure au milieu de la contagion malsaine du siècle troublé où nous vivons et continuer à faire la consolation de l'Eglise !

Si l'on trouvait quelque exagération dans ces éloges, qu'on en accuse M. Douarre lui-même, car c'est de lui que nous les tenons. Pour compléter cette esquisse du ministère de M. le curé de la Tourette, nous devons ajouter ce que rapporte M. Rabany, qui le remplaça immédiatement.

« La jeunesse et les hommes surtout étaient, disait-il, » l'objet des soins de mon vénéré prédécesseur ; ses » exhortations simples mais pathétiques, respirant la » fermeté de l'apôtre et la douceur du père, remuaient » fortement les âmes de ses auditeurs. Souvent, quand » il avait à sévir contre quelque désordre, les larmes » abondantes se mêlaient aux accents de sa voix mâle » et onctueuse. La crainte du scandale excitait sa vigi- » lance, et le portait à des actes qui eussent été chez » d'autres des imprudences ; mais il avait le sentiment » de sa force pastorale et de l'empire qu'il exerçait sur » ses ouailles. Ainsi de temps en temps, pendant la nuit, » il faisait la ronde de sa paroisse, comme eût fait un » maître dans sa maison, un père dans sa famille, » pour recueillir ceux des jeunes gens qui, attardés ou » étourdis, se livraient à la dissipation, soit aux caves, » soit dans les rues du village, et les faire rentrer dans » leurs foyers. S'il s'est attiré quelques reproches dans

» cet exercice de charité, néanmoins jamais personne
» n'avait résisté à ses bienveillantes invitations.

» Il était aussi prodigue de sa peine que de son
» argent. Pendant un carême entier, sans rien négliger
» de ses propres devoirs à l'égard de ses ouailles, il
» alla prêcher et confesser dans une paroisse voisine
» pour soulager un confrère malade, et ne pas laisser
» sans secours bien des âmes que l'indifférence ou le
» respect humain eussent empêché de se présenter
» ailleurs au tribunal de la pénitence. Le prenait-on
» à l'improviste pour adresser à des fidèles réunis
» une instruction religieuse : Si vous croyez, répondait-
» il modestement, qu'il en reviendra quelque gloire à
» Dieu, je le veux bien ; et après s'être recueilli quelque
» temps il montait en chaire, et toujours ceux qui
» l'avaient entendu se retiraient avec le désir de deve-
» nir meilleurs. »

« A la Tourette on le regardait comme un saint. Un
» jeune homme avait mal aux jambes : « Mon ami, lui
» dit le bon curé, ce ne sera rien. » Il pria sainte
» Philomène, et deux jours après la guérison fut
» complète (1). »

M. Douarre multipliait ses bienfaits au sein d'une population qu'il aimait et dont il avait toutes les sympathies. Mais il n'y a pas de jour sans nuages et le bien sur la terre n'est pas sans mélange. Comme il cherchait en toutes occasions à faire le bien, visitait les familles dignes de son attention et qui étaient la providence de ses bonnes œuvres, la calomnie vint un jour chercher à flétrir une conduite si zélée. Ces soupçons méchants et injustes lui donnèrent de l'ennui et froissèrent les

(1) Lettre de M. Rabany publiée par l'auteur du Premier vicaire apostolique de la Nouvelle-Calédonie ou Mgr Douarre, évêque d'Amatha. — Tradition orale.

plus nobles sentiments de son cœur : Ses bonnes intentions étaient méconnues. Heureusement, la paroisse n'y était pour rien ; c'était le fait de quelques personnes malveillantes comme il n'en manque pas de nos jours pour changer le bien en mal. Ce fut alors qu'il s'écria dans un moment de découragement : « Je ne puis plus faire le bien ici : Je ne suis pas à ma place (1). » Dès lors son parti fut bientôt pris, bien que cela n'en fut pas la cause déterminante ; car il avait nourri en lui-même depuis longtemps le projet sublime de partir pour les missions. Il avait établi dans sa paroisse l'œuvre de la propagation de la foi et y avait même fait inscrire les enfants au berceau. Il résolut donc, avec un grand courage, de porter la guerre jusque dans l'empire du démon et conquérir de nouvelles âmes à Jésus-Christ. Dieu qui avait ses vues sur cette âme d'élite, se servit peut-être de cet incident pour l'arracher à la Tourette où il faisait le bien et où il était tant aimé.

Sur ces entrefaites, le nom de la Société de Marie arriva à ses oreilles. Ceci se passait au mois de février 1842. A cette époque, la compagnie des Maristes venait de s'établir à Lyon, dans le but de fonder des missions lointaines. Dès lors, M. Douarre n'hésite pas, il veut se faire Mariste, *l'apôtre de Jésus par Marie,* idée qui souriait à son cœur ardent et pieux.

M. Douarre demanda alors à Mgr Féron la permission de quitter sa paroisse et le diocèse de Clermont pour se dévouer aux missions chez les Maristes de Lyon. Monseigneur qui avait apprécié la valeur du jeune curé, ne voulant pas se priver d'un sujet si distingué, refusa la demande. Mais M. Douarre répondit : « Monseigneur,

(1) Témoignage des anciens de la Tourette qui ont vu et connu M. Douarre.

» j'ai toujours eu l'intention d'être missionnaire, je n'ai » fait mes études que dans cette vue ; je me dois à la » sainte Vierge et j'ai une grande dette à lui payer. » Après bien des instances, Monseigneur se laissa fléchir et lui accorda ce qu'il demandait, en lui recommandant d'aller faire une retraite chez les Pères Jésuites du Puy, pour examiner sa vocation. « Monseigneur, ajoute le » jeune curé, il m'est impossible d'aller au Puy, je n'ai » pas la bourse assez fournie, car si les Pères sont » d'avis que j'entre dans la Société de Marie, il ne me » restera plus d'argent pour faire le voyage de Lyon » où se trouve le noviciat de cette société. Mais il y a » aussi des Jésuites à Lyon ; permettez que j'aille » directement dans cette ville auprès d'eux, puisque » vous le désirez : je ferai ma retraite dans leur » maison, et si Dieu m'appelle dans la Société de » Marie, je serai tout rendu. »

La difficulté la plus délicate et la plus sérieuse était de se séparer de sa mère qui était auprès de lui et qu'il aimait comme un fils dévoué. Avant de partir, il lui assura des moyens d'existence pour le reste de ses jours, grâce à l'intervention de M. Roudaire, vicaire de la cathédrale de Clermont, qui se préparait aussi à l'accompagner chez les Maristes de Lyon. Arrivé dans cette ville, il se présenta chez le R. P. Colin, supérieur général des Maristes, qui le reçut au noviciat de la Société.

M. Douarre avait déjà passé quelques mois dans la solitude et la prière, lorsque le P. Colin lui ordonna de faire une retraite sans lui communiquer aucun de ses projets. La retraite finie, le P. Colin dit à M. Douarre : « Obéirez-vous à tout ce que je voudrai pour le bien de » la Société et de l'Eglise ? » M. Douarre, avec une grande simplicité, ajouta : « Je ferai tout ce que vous

» me commanderez pour la gloire de Dieu et le bien de » l'Eglise. » Alors le R. P. Colin lui présente les bulles du Saint-Père Grégoire XVI, qu'il avait sollicitées de Rome, par lesquelles l'ex-curé d'Yssac-la-Tourette était nommé évêque d'Amatha, *in partibus infidelium,* et vicaire apostolique de la Nouvelle-Calédonie, dans l'Océanie, chez des peuples sauvages qui n'avaient aucune notion de la religion chrétienne. Cette nomination le jeta dans un grand trouble. Il se rendit aussitôt à Notre-Dame-de-Fourvières, pour obtenir la force d'en prendre son parti, selon son expression, et la grâce de devenir un saint.

Le 18 octobre de la même année (1842), fête de saint Luc, évangéliste, M. Douarre fut sacré évêque dans la cathédrale de Lyon par Mgr le cardinal De Bonald, assisté de Mgr Devie, évêque de Belley, et de Mgr Miolan, évêque d'Amiens.

Après avoir vu Paris, le roi Louis-Philippe et toute la cour, sur l'ordre du supérieur des Maristes, Mgr Douarre s'embarqua à Toulon sur la flottille de l'Etat que le gouvernement envoyait aux îles Marquises, le 3 mai 1843. Mgr Douarre avait pris son passage sur le *Phaéton,* paquebot à vapeur, et la veille il avait dit la sainte Messe sur l'*Uranie,* qui faisait partie de cette flottille.

Mgr Douarre emmenait avec lui pour fonder une colonie chrétienne les Pères Roudaire et Rougeyron, jeunes prêtres de l'Auvergne, Calinon, Bréhéret (1), Favier et Mathieu, les Frères Blaise Marmoiton, Jean Raynaud et Jean Taragnat, d'Yssac-la-Tourette (2), et Annet Perol, de Lyon.

(1) Aujourd'hui préfet apostolique des îles Fidji (Océanie).

(2) Les Frères Marmoiton, Raynaud et Taragnat, comme

Après une longue et pénible traversée, Mgr Douarre arriva à la Nouvelle-Calédonie le 21 décembre de la même année (1843). Il aborda à Ballade où il ne trouva que des populations sauvages adonnées à l'anthropophagie et n'ayant aucune notion de l'évangile.

Monseigneur et ses compagnons eurent beaucoup de difficultés pour se faire comprendre et connaître le langage barbare de ces insulaires de l'Océanie. Les difficultés ne furent pas moins grandes pour vivre au milieu de ces populations sauvages, où il courut souvent le danger d'être massacré. Après des privations de tout genre et des épreuves surhumaines, il était parvenu, avec le concours de ses compagnons, à fonder une petite colonie chrétienne à Ballade, à Baïoup, sur les bords de la mer. Il fit construire une chapelle, un établissement pour les missionnaires, planta des bananiers et des cocotiers après avoir défriché les palétuviers qui couvraient le pays.

A peine ces chrétiennetés naissantes venaient-elles de se fonder que Mgr Douarre fut obligé de revenir en France pour assurer l'avenir de sa mission et faire régler, par la Cour de Rome, certaines questions qui intéressaient son œuvre. Il laissa seuls les prêtres et les Frères qui l'avaient suivi sur cette terre inhospitalière.

Arrivé en France, Mgr Douarre se présenta au roi, à la reine Amélie et au ministre de la marine. Il intéressa tout le monde à sa cause par le récit qu'il fit des choses curieuses qu'il a vues. Il sut plaire au gouvernement qui hésitait à prendre possession de l'île de la Nouvelle-Calédonie, pour en faire une station navale

cultivateurs, charpentiers, maçons et tous vignerons. La Société des Maristes les envoyait comme catéchistes. Ils emportèrent avec eux des céréales, des graines et des arbustes d'Auvergne, pris à la Tourette en majeure partie.

dans ce vaste archipel de l'Océanie. Ce fut alors qu'il reçut la décoration si bien méritée de la Légion d'honneur.

Au mois d'octobre 1847, on le voit à Marseille et en novembre suivant il part pour Rome afin de réclamer auprès du Saint-Père tout ce qui était nécessaire à sa mission. A son retour de Rome, il visite Ambert et La Forie, son pays natal, où il est reçu avec de grandes démonstrations d'allégresse.

En 1848, on le retrouve à Paris où il assiste aux funérailles de Mgr Affre, tué sur les barricades. De là, il revient en Auvergne chez sa bienfaitrice, madame Des Ternes, qui habitait Yssac-la-Tourette. Au mois d'octobre de la même année il s'embarque à Toulon avec un renfort de six prêtres, dont quatre étaient du diocèse de Clermont. Il arrive à l'île d'Annatom où il apprend la triste nouvelle de la destruction de sa mission par les sauvages et se rend à l'île des Pins.

Voici comment était arrivé cet événement qui venait d'anéantir le fruit des premiers travaux de Mgr d'Amatha.

Mgr Douarre était parti pour la France, en octobre 1846, avec l'équipage de *la Seine*. En avril 1847, les dispositions des tribus de Téa-Pouma (Ballade) et de Téa-Monaébé (Pouébo) paraissaient assez bonnes pour qu'on crut possible de fonder un nouvel établissement dans cette dernière tribu. Tout fut tranquille jusqu'au mois de mai ; mais à cette époque une famine extraordinaire se fit sentir principalement dans la tribu de Ballade. Un grand nombre d'indigènes allèrent chercher de la nourriture à Yenguène, à quinze lieues environ du port de Ballade. A leur retour, les indigènes se montrèrent menaçants. Ils racontèrent la mort d'un anglais (Suton), qui venait d'être massacré, et ils ajoutaient qu'ils l'avaient mangé, menaçant les personnes de la mission de les traiter de même.

Ce qui avait exaspéré ces sauvages, plus connus aujourd'hui sous le nom de *Canaks,* c'est que les anglais qui faisaient le commerce du bois de Sandal à Yenguène leur auraient dit que les ouï-ouï (français) étaient des hommes *Tabou* (sacrés) qui faisaient mourir les autres hommes par sortilége. Cette calomnie fit d'autant plus d'impression sur l'esprit des naturels de la Nouvelle-Calédonie que peu de temps avant une épidémie redoutable avait enlevé plus d'un tiers de la population des tribus voisines. Dans ce pays un sorcier est massacré sans miséricorde (1).

Alors ils ne gardent plus de mesures, détruisent toutes les plantations appartenant à la mission et s'introduisent même dans le magasin des missionnaires où ils volent plusieurs objets importants.

Au mois de juin, Bourate, chef d'Yenguène, venu à Baïoup, dit à M. Rabollaud, capitaine du brick l'*Anonyme* de la Société française d'Océanie, qu'aussitôt après le départ du navire les missionnaires seraient attaqués.

Dans ces entrefaites, Mgr Collomb, évêque d'Antiphelle, vicaire apostolique de la Malanésie et de la Micronésie, vient à Ballade sur le *Spek,* accompagné dû P. Verguet. Il portait des provisions pour sa mission, pour les missionnaires de la Nouvelle-Calédonie et pour le ravitaillement de l'*Anonyme.* Les naturels se présentèrent au débarquement et restèrent tranquilles. Mais l'appât de tant de provisions réveilla leur instinct voleur et anthropophage. D'un autre côté, poussés par la

(1) Relation et documents fournis par l'obligeante bienveillance de M. Taragnat, compagnon de Mgr Douarre, et témoin oculaire.

famine, ils se réunissent en grand nombre, tout barbouillés de noir, comme aux grandes expéditions, sous la conduite de deux chefs, Ouondo et Gomène, se jettent avec des cris sauvages sur l'établissement de Ballade, le ravagent et y mettent le feu.

Les missionnaires, les Frères et Mgr Collomb, voyant leur vie menacée, essayèrent de parlementer en donnant aux saûvages la clef de l'Eglise et du magasin aux provisions. Pendant le pillage, ils furent assez heureux pour s'échapper. Seul, le Frère Blaise Marmoiton, malade et déjà percé d'un coup de lance par un sauvage, ne put suivre les autres, et fut impitoyablement massacré et mutilé. (Voir pour les détails la note II.) Les Pères et les Frères avaient pris la direction de Pouébo dans un état déplorable et accablés de fatigue. Mgr Collomb et le docteur Beaudry étaient sans chaussure. Les Pères de Pouébo reçurent les fugitifs à bras ouverts, confondirent leurs larmes et firent ensemble le sacrifice de leur vie.

Le 20 juillet, il fut décidé qu'on enverrait à Yenguène le Frère Auguste et le matelot Auméroud pour s'informer s'il y avait un navire dont on pourrait espérer du secours. En même temps on fit partir pour Ballade les enfants Louis, Augustin et Nangaro, attachés à la mission, pour chercher le Frère Blaise et le ramener dans l'embarcation du chrétien Grégoire. Louis revint le même jour et annonça qu'on avait un Frère de moins et un martyr de plus. (Voir les détails à la note II.)

L'événement de Ballade avait excité au plus haut point la cupidité des gens de Pouébo. Le 21 juillet, les missionnaires apprirent que les sauvages avaient formé le projet d'attaquer cette station, et on s'attendait à chaque instant à une nouvelle catastrophe. Le 9 août, on était réduit aux dernières extrémités, lorsque tout à coup parut à l'horizon un navire qui se dirigeait vers la côte ; c'était la corvette *la Brillante,* commandée par M. le Vicomte Du Bouzet. Le 11 août commença la délivrance des missionnaires et de tous leurs compagnons d'infortune, par les soins bienveillants du commandant de *la Brillante* qui les reçut à son bord. (Voir les détails de cette délivrance dans la note II (1).

Le 15 août arrive l'*Anonyme:* le 18 les deux navires se rendent à Ballade. Tous les indigènes prirent la fuite dans les montagnes. M. le commandant Du Bouzet fit mettre le feu aux cases des principaux chefs, à celle de Parama, un des plus traîtres ; et, pour apprendre aux navires qui pourraient venir mouiller à Ballade, à se défier des habitants, il fit abattre une vingtaine de cocotiers de ce chef, sur les bords du rivage.

Le 21 août on mit à la voile sur l'*Anonyme* pour se rendre à Sidney, en passant par Annatom (ou Annatan). Les missionnaires et les Frères s'éloignaient à regret de ces infortunés calédoniens, qui repoussaient les bienfaits de la foi, en priant Dieu que le sang du martyr, le Frère Blaise, fût un jour une prise de possession de l'île au nom de Jésus-Christ.

Les missionnaires, acharnés à la conquête spirituelle de la Nouvelle-Calédonie, avaient abandonné Sidney et s'étaient embarqués sur l'*Arche d'alliance,* frégate commandée par le capitaine Marceau, sans attendre Mgr Douarre qui devait arriver de France avec un renfort d'auxiliaires. Il n'y avait guère que deux points dans ce vicariat qui pussent offrir quelque sécurité pour les

(1) Procès-verbal des événements qui ont eu lieu dans la mission de la Nouvelle-Calédonie en 1847. — Rapport du Père Rougeyron au R. P. Colin à Lyon. — Notes données par M. Taragnat (Frère Jean), témoin oculaire de cette délivrance providentielle.

apôtres des Kanaks voleurs et cannibales (1) : c'étaient Annatom et l'île des Pins. — L'île d'Annatom est la dernière au sud des Nouvelles-Hébrides, à la même latitude que le village de Ballade daus la Nouvelle-Calédonie, c'est-à-dire par 20 degrés de latitude sud, avec une population de deux mille habitants, paraissant moins méchants et moins féroces que les Nouveaux-Calédoniens. L'île est boisée, bien arrosée et la terre assez fertile; mais la fièvre y règne assez fréquemment. — L'île des Pins est voisine de la Nouvelle-Calédonie dont elle n'est séparée que par un chenal de quinze lieues marines et n'a guère plus de dix lieues de circonférence, avec une population d'environ mille âmes (2).

Les missionnaires avaient déjà essayé de s'établir à l'île d'Annatom, lorsque Mgr Douarre arriva, le 7 septembre 1849, au milieu de ces apôtres infatigables pour les consoler et leur faire oublier leurs douleurs des désastres de la Nouvelle-Calédonie. Le retour de Sa Grandeur fut pour les pauvres missionnaires une fête de famille. Après quelques jours passés ensemble, Mgr Douarre, dont l'intention était de retourner à son ancienne mission, emmena avec lui le Père Rougeyron, miné par la fièvre, et le Frère Jean, à Yenguène. Le chef de ces sauvages, Bouarat, les reçut avec de vives démonstrations de joie. Des Pères furent désignés pour cette station, tandis que l'évêque d'Amatha avec le Père Rougeyron et un autre missionnaire devaient aller fonder un autre établissement à Ballade ou à Pouébo. Au moment où Monseigneur formait ce projet, il apprit

(1) On désigne sous le nom de Kanaks les habitants de la Nouvelle-Calédonie et des îles voisines.

(2) C'est à l'île des Pins que le P. Goujon vint s'établir le 15 août 1848, et son zèle y a renouvelé les merveilles spirituelles de Walis et de Futuna.

à Yenguène que la maison de Pouébo était détruite, que les naturels de Ballade avaient surpris un navire américain, le *Cutter*, et en avaient mangé l'équipage (1). Cette triste nouvelle fit frémir les missionnaires et renversa tous leurs plans. Monseigneur, qui désirait néanmoins revoir le lamentable théâtre de tant d'épreuves, se rendit à Ballade. Les sauvages s'avancèrent vers l'embarcation qui ramait vers eux. Bientôt un cri part de leurs rangs : « C'est l'Epikopo, c'est le Père Rougeyron » et le Frère Jean ! » En même temps ils jettent leurs armes et viennent droit au canot. Leur chef, Tiangoué, prend en main un morceau de tape, en signe de paix, et improvise ce discours : « Epikopo, Père Rougeyron, » et toi Jean, nous avons honte de paraître devant vous » après tant de mal que nous vous avons fait. Pakili- » puna, notre ancien chef, n'est plus et voilà pourquoi » nous sommes devenus méchants, mais pardonnez-nous » et nous reviendrons bons. Revenez habiter au milieu » de nous; si vous ne pouvez supporter notre présence, » nous avons été trop coupables, voyez ces hautes » montagnes de Diaote ; nous irons cacher notre honte » derrière elles, et vous demeurerez ici. Choisissez la » vallée qui vous sera la plus agréable. »

Mgr Douarre leur promit qu'il reviendrait au milieu des gens de Ballade s'ils voulaient sincèrement se convertir : ils parurent satisfaits. Le lendemain, encouragé par les bonnes dispositions des naturels, Monseigneur descendit à terre et visita ces lieux de si triste mémoire, l'emplacement de la maison, de la chapelle et le lieu où le pieux F. Blaise avait versé son sang. Monseigneur racheta la tête du martyr de Jésus-Christ (2), que son

(1) Relation du P. Rougeyron au P. Colin, 10 juin 1850.

(2) Après que ce cher Frère eut été décapité, les naturels résolurent de manger son corps. La jeune néophyte Marie l'avait enterré

assassin avait placée comme un trophée au-dessus de sa case. Elle est au musée des Maristes de Lyon.

Les missionnaires quittèrent Ballade avec la plupart des néophytes, tant hommes que femmes qui, pendant deux ans et demi, avaient été fidèles aux devoirs de la religion. Le navire fit voile vers le sud de la Nouvelle-Calédonie et débarqua les passagers à Yaté. Là, tout prospérait : la nouvelle colonie avait cultivé de vastes champs lorsque, dans cette retraite, les missionnaires se virent soudain entourés d'une multitude de sauvages accourus de plus de dix lieues à la ronde. Sur ces entrefaites, arriva Mgr Douarre avec toute sa suite. Il s'était réservé Yenguène et y avait fixé sa résidence, malgré l'avis du chrétien indigène Michel.

A Yenguène, la vie de Mgr Douarre n'était pas en sûreté. Bouarat, chef de cette tribu, avait formé le complot de piller la mission et de tuer l'évêque et ses prêtres. Mgr Douarre, voyant que la grâce n'était pas encore venue pour cette peuplade féroce, se rendit à la petite réduction d'Yaté. Mais on ne pouvait compter sur l'avenir. Au temps de la récolte il aurait fallu ou laisser piller la moisson, ou se défendre les armes à la main. Mgr ne put se résoudre à employer ce dernier moyen. Alors Sa Grandeur décida que les missionnaires quitteraient la Nouvelle-Calédonie, puisqu'on ne pouvait y rester sans repousser la force par la force.

On mit alors à la voile, obligé ainsi de fuir une seconde fois la Calédonie. On arriva à l'île des Pins où

secrètement avec ses mains et un bâton. Ensuite Dieu suscita la femme d'un grand chef pour le défendre contre leur voracité. Elle vint et l'enleva ; mais les cannibales cherchèrent le corps mutilé qui répandait une odeur très-agréable ; ils l'avaient déjà porté sur le rivage pour leur horrible festin, lorsqu'une grande marée couvrit le corps et l'entraîna dans la mer.

l'on débarqua les néophytes qui reçurent le baptême en grand nombre, et de là, on les déposa à l'île de Futuna avec le P. Rougeyron et le P. Gagnère. Mgr Douarre était douloureusement affecté de la conduite barbare de *ses chers calédoniens,* comme il les appelait; il aurait voulu rester seul dans cette île inhospitalière, mais ses missionnaires lui firent entendre que ce projet était inacceptable : « Si vous mourez, Monseigneur, que » deviendra la mission ? il n'est pas sage d'exposer ainsi » votre tête ! »

En 1850, le P. Rougeyron était revenu en Calédonie. Il repartit pour Futuna avec quarante-trois naturels, dont sept étaient des chefs influents. Mgr Douarre, ne pouvant se consoler d'avoir été forcé de quitter ses Calédoniens, recueille à Futuna, à bord d'une goëlette consacrée à Marie, ceux qui s'y trouvaient momentanément exilés. Il les ramène en 1851 dans leur patrie, pour y fonder une colonie catholique. C'est dans l'empire même du démon, au milieu de la barbarie, qu'il s'établit. Les nouveaux chrétiens, affermis dans le bien par l'instruction religieuse, sont placés par lui à Ballade et à Pouébo, lieux déjà si tristement célèbres. L'intrépide prélat commençait à jouir des effets de son zèle persévérant. La France bénissait Jésus et Marie des succès qu'obtenait le vicaire apostolique dans cette île sauvage disputée à l'enfer par la charité et arrachée enfin à l'idolâtrie.

En 1853, une terrible épidémie, dans l'espace d'un mois, avait enlevé un dixième de la population de Pouébo. La crainte de prendre le germe de la maladie n'empêcha pas Mgr d'Amatha de se rendre dans cette tribu, où il administra, la veille de Pâques, le baptême à un grand nombre de catéchumènes. Depuis lors, il ressentit un malaise qui lui permit toutefois de vaquer à ses nombreuses occupations. Une autre affaire grave l'ayant encore appelé à Pouébo, il y retourna. Alors les premiers symptômes de la maladie se manifestèrent par des coliques et par une espèce de paralysie de la bouche. Il voulut encore confesser comme à l'ordinaire et célébrer la sainte messe, convaincu que c'était pour la dernière fois. Il se trouva très-fatigué, et après son action de grâces il se retira dans sa chambre, d'où il ne devait plus sortir. Les missionnaires, qui ne soupçonnaient pas encore qu'il y eût rien de grave dans son état, lui tenaient compagnie et se relevaient à tour de rôle pour ne pas le laisser seul. Dans la journée, le mal empira et la paralysie gagna insensiblement tout le côté gauche. Les souffrances devinrent très-grandes et l'auguste malade ne pouvait changer de position sans de vives douleurs. Il fit ses recommandations aux Pères et aux Frères qu'il bénit, nomma le P. Rougeyron son provicaire, témoigna sa tendresse à un grand nombre de naturels et à plusieurs chefs mortels ennemis de la mission, leur recommandant de devenir chrétiens. Depuis ce moment, ces chefs ont cessé de persécuter les missionnaires : ils ont même permis qu'on fit le catéchisme dans leurs villages et y ont assisté. Enfin, le 27 avril 1853, la mission de la Nouvelle-Calédonie perdait son évêque, après une courte mais cruelle maladie. Le Père Montrouzier, par une lettre datée de Ballade du 1er mai 1853, annonçait cette triste nouvelle au R. P. Colin, de Lyon, par ces paroles touchantes : « Nous sommes » orphelins ! Mgr d'Amatha est allé recevoir au ciel la » récompense de son zèle, de sa charité, de son humilité » profonde...... »

Cette mort prématurée laissait un grand vide dans la mission de la Nouvelle-Calédonie. En rentrant dans cette île, Mgr d'Amatha avait pris la résolution de vaincre ou de mourir : il avait tenu parole.

Au mois de septembre suivant 1853, la France prenait possession de la Nouvelle-Calédonie, grâce aux instances réitérées de l'évêque d'Amatha (1). Le siége du gouvernement fut fixé à Nouméa, qui est devenue une station importante par son commerce avec l'Europe, l'Amérique et l'Australie.

La mort de Mgr Douarre fut vivement sentie dans la mission, qui perdait non-seulement son chef, mais encore un apôtre actif, habile et zélé, qui savait donner une vive impulsion à l'œuvre de la colonisation d'une contrée sauvage déjà arrosée du sang d'un martyr.

Mgr Douarre était doué d'une belle intelligence doublée d'une grande activité qui savait se faire tout à tous, pour les gagner tous à Jésus-Christ. J'ai eu l'honneur de le connaître dans ma jeunesse, et je suis heureux de lui rendre ce pieux témoignage que c'était l'apôtre qui cherchait le moins à paraître. Il avait le talent de cacher les plus éminentes vertus sous les dehors d'une affabilité exquise. C'était une âme d'élite avec les vertus d'un saint. Il succomba à la peine ; mais si ces contrées barbares commencent un peu à s'humaniser, on le doit en grande partie aux missionnaires de l'Auvergne, qui ont été dans ces parages lointains les premiers pionniers de la civilisation.

(1) Après la mort de Mgr Douarre, le Frère Jean Taragnat quitta la Compagnie des Maristes : il s'établit à Nouméa, où depuis il a rendu de grands services à la mission par sa piété et ses bons exemples.—Le Frère Jean Reynaud vint à l'île de Tonga, où il est resté depuis 17 ans avec le R. P. Lamaze, aujourd'hui évêque d'Olympe dans l'Océanie. — Le R. P. Roudaire a disparu dans un voyage fait en 1852 dans les îles voisines. — Le P. Rougeyron vit encore au milieu des sauvages de la Nouvelle-Calédonie. — Mgr Vitte, qui succéda à Mgr Douarre, s'est retiré pour cause de santé, et Mgr Fraysse l'a remplacé, ces derniers temps, dans le vicariat apostolique de l'Océanie.

NOTES

NOTE I

Pour rendre hommage à l'histoire et à l'édification de nos lecteurs, nous devons dire que depuis Mgr Douarre la paroisse d'Yssac-la-Tourette n'a pas été négligée. M. Rabany, successeur de Monseigneur, travailla à maintenir les bonnes dispositions des paroissiens. Depuis 18 ans que nous sommes au milieu d'eux, nous avons éprouvé plus d'une consolation. L'église a été restaurée, des nervures ont été ajoutées aux voûtes de la nef, M. Belly a décoré le chœur, M. Champrobert a fourni de beaux vitraux à la place de vieilles croisées en bois. La sacristie a été dotée de riches ornements, de linge et d'aubes convenables. Les garnitures des autels ont été renouvelées, de riches chandeliers dorés ont remplacé les anciens qui étaient en cuivre argenté. Une très-belle croix de procession a été achetée. Les enfants de chœur ont été habillés en soutanes rouges et en surplis ornés de guipure. La sonnerie a été augmentée d'une grande cloche, la place publique ornée d'une croix monumentale de mission en fer ouvré. Grâce à la générosité de la famille Deloche, un magnifique rétable du XVe siècle a été restauré : c'est l'œuvre de Michel Coxcie, disciple de Raphaël. Deux missions et deux retraites sont venues raviver la foi et la piété des habitants de la Tourette, sans compter la parole toujours bien accueillie des confrères du voisinage et des prêtres de la paroisse. Un nouveau presbytère près de l'église a remplacé l'ancien, qui était à l'extrémité du village, et a simplifié le service religieux pour l'avantage du past ·ur et des ouailles. Les pratiques religieuses n'ont pas diminué, et ce qui se faisait du temps de M. Douarre se conserve encore de nos jours, malgré les défaillances des temps troublés où nous vivons.

LE RÉTABLE D'YSSAC, OU TRIPTIQUE DU XVe SIÈCLE.

Cet objet d'art est divisé en deux compartiments : il a 4 mètres 70 centimètres de largeur sur 90 centimètres de hauteur. Il est composé de six volets, ornés de quatre tableaux en relief, avec inscription en lettres gothiques au bas. Tous ces tableaux sont encadrés dans une série de statuettes superposées représentant les quatre évangélistes, les douze apôtres, saint Saturnin et saint Roch, patrons de l'église de la Tourette.

Nous pourrions citer plusieurs tableaux qui sont vraiment frappants : *Saint Jean-Baptiste dans le désert,* entouré d'animaux accourus au son de sa voix ; *le Repas d'Hérode, la Danse d'Hérodiade, la Décollation de saint Jean-Baptiste dans la prison, Jésus devant Pilate et sa mort sur la croix,* sont des tableaux parlants. — Dans le second compartiment, on voit : *Jésus au jardin des Oliviers* pris par des soldats, *la Flagellation, le Crucifiement, la Résurrection,* sont dignes d'attention. Sans doute les groupes de chaque tableau sont curieux comme style sculptural, mais encore plus frappants comme agencement. Ils contiennent chacun un grand nombre de figures, de paysages, de monuments d'un travail difficile, qui a été néanmoins surmonté de manière à produire beaucoup d'effet, et d'un style moyen-âge ravissant.

Tous ces tableaux sont couronnés par autant de dais richement sculptés à jour dans le même style ogival qu'on retrouve dans les galeries du cloître de la Chaise-Dieu. Au-dessus des tableaux on voit les armoiries de l'abbé de Saint-Amable de Riom, sur champ d'or et d'azur, surmontées de la croix pastorale que nous avons fait reproduire d'après les débris originaux.

On reconnaît dans ce travail le genre de l'Ecole flamande, qui perdit de sa raideur dans l'attitude des personnages par la Renaissance, qui donna plus de naturel et de grâces à la sculpture sous Michel-Ange.

Quelques connaisseurs ont pensé que ce travail était l'œuvre de Coypel, élève de Rubens ; mais nous croyons qu'il sortit des mains de Michel Coxcie, appelé *le Raphaël flamand*. Il était né à Malines en 1497, fut élève de Van Orley et, étant allé à Rome, devint grand admirateur des œuvres de Raphaël.

Lorsque nous le fîmes restaurer, l'artiste, M. Dufay, sculpteur de Clermont, découvrit sur le revers de plusieurs panneaux des inscriptions importantes qu'il eut l'obligeance de nous communiquer et qui semblent confirmer notre opinion. Elles indiquent que ce rétable subit une réparation au XVIIe siècle. Sur une des pierres on lit : « Ces pièces sont en albâtre venue d'Angleterre » et travaillée en Flandre. » — Sur d'autres : « Cette » pièce et les autres qui composent le rétable du grand » autel d'Yssac, qui y sont de temps immémorial, sont » restées déclassées et remises en place dès le mois de » décembre de l'année 1684. » — Sur une autre, il y a les lettres en gothiques M C, que nous avons traduites par *Michel Coxcie.*

Ce magnifique rétable, auquel on donnait également le nom de tryptique, formait autrefois le rétable du maître autel de l'église d'Yssac, dont il ne reste plus que quelques ruines éparses depuis la révolution. D'après Chabrol, dans ses *Coutumes d'Auvergne*, l'église paroissiale de la Tourette était en effet à Yssac, ancien prieuré de Saint-Amable. Elle était très-ancienne, puisque Grégoire de Tours l'appelait *Oratorium domûs Ysiasensis et Ysiacum*. Elle conservait les reliques de saint Saturnin, qui est encore le patron de la paroisse actuelle. Elles furent pillées par les soldats du malheureux Chramme, à l'époque où il quitta l'Auvergne pour se réfugier en Bretagne. L'église étant tombée en ruines, les habitants de la Tourette firent bâtir dans leur village une chapelle en 1640, et le 25 juillet 1641 ils obtinrent le consentement du chapitre de Saint-Amable, auquel le prieuré d'Yssac était réuni.

En 93, l'église d'Yssac, qui avait été néanmoins réparée, fut abandonnée. Les habitants de la Tourette sauvèrent le rétable dont nous parlons. Depuis longtemps il restait enfoui dans la poussière de la sacristie et veuf d'un grand nombre de pièces difficiles à remplacer. Nous l'avons fait restaurer dans son état primitif, grâce à la générosité de la famille Deloche. C'est le rétable le plus complet, le plus curieux et presque l'unique qu'il y ait en France. (Extrait de l'article que nous avons publié dans la *Gazette d'Auvergne*, 10 juin 1864.)

NOTE II

Rapport sur les événements qui eurent lieu en Nouvelle-Calédonie, concernant le drame émouvant qui désola la mission de Mgr Douarre, ravagée par les sauvages en 1847 (1).

« Sidney, 18 septembre 1847. — Il vient de se passer dans notre mission de la Nouvelle-Calédonie des faits graves, dont les uns sont affligeants et les autres bien propres à nous consoler. Nous avions un établissement dans l'île ; c'était à Ballade. Les sauvages de cette tribu nous parurent si difficiles et si indomptables que nous crûmes expédient de fonder une nouvelle station à Pouébo, qui n'est distant de Ballade que de trois lieues. Pendant qu'on nous y préparait une habitation, *l'Anonyme,* navire de la Société française de l'Océanie, arriva fort à propos pour nous aider à transporter les objets nécessaires à cet établissement; tout fut prêt le 14 avril.

Les sauvages de la Nouvelle-Calédonie sont d'habiles voleurs, et cependant les habitants de Pouébo cessèrent, dans cette circonstance, de faire usage de leur dextérité en ce genre. Ils se prêtèrent avec beaucoup d'empressement au transport de nos effets, depuis le navire jusqu'au lieu de l'habitation, sans commettre le moindre larcin. Nous regardâmes cela comme un prodige, ou plutôt comme un trait de la divine Providence ; mais le Frère Blaise, qui connaît très-bien le caractère de ce peuple,

(1) Les Pères de la mission. — Il existe, de plus, un autre procès-verbal dont nous avons parlé.

me dit que les indigènes n'avaient agi ainsi que pour pouvoir mieux voler plus tard : l'expérience a prouvé qu'il ne se trompait pas. Il n'en fut pas de même à Ballade. Les hommes de cette tribu qui, depuis près de quatre ans, avaient toujours pillé les missionnaires, voyant que nous étions moins nombreux qu'auparavant, montrèrent à notre égard une hardiesse dont jusqu'alors ils ne nous avaient pas donné d'exemple. Entre autres motifs qui les ont excités contre nous, je signalerai les faits suivants : Au mois de mai, une famine extraordinaire se fit principalement sentir dans la tribu de Pouma (Ballade); un grand nombre d'insulaires allèrent chercher de la nourriture à Yenguène, à 15 lieues environ du port de Ballade. A leur retour, ils se montrèrent menaçants et racontèrent d'un ton audacieux la mort d'un Européen qui séjournait à Yenguène : c'était un Anglais appelé Suton, qui venait d'être massacré ; ils ajoutèrent même, ce qui était faux, qu'ils l'avaient mangé et qu'ils l'avaient trouvé fort bon, ne nous dissimulant pas leur projet de nous traiter de même. Ce qui nous étonne, c'est qu'au rapport de ces naturels, des Anglais, faisant le bois de sandal à Yenguène, leur auraient dit que les Français étaient des hommes *tabous* (sacrés), qui faisaient mourir les autres hommes. Cette calomnie devait faire d'autant plus d'impression sur les naturels que, peu de mois auparavant, une épidémie avait enlevé un tiers de la population des tribus environnantes. Or, dans ces îles, un sorcier est massacré sans miséricorde. Les missionnaires furent donc soupçonnés d'avoir attiré le fléau par des sortiléges, et ainsi la superstition vint se joindre à l'amour du pillage pour déchaîner les sauvages contre nous. Alors ils ne gardent plus aucune mesure, détruisent toutes nos plantations, viennent en plein jour, sous nos yeux, arracher nos bananiers et ravager notre jardin. Bientôt, enhardis par l'impunité, ils pénètrent jusque dans le magasin, d'où ils enlèvent plusieurs objets.

Le 20 juin, après s'être concertés, les différents villages de la tribu de Ballade sont venus en masse pour s'emparer de notre maison. Ils avaient l'intention bien arrêtée de massacrer les missionnaires et de piller leurs effets. Notre contenance calme et assurée leur en imposa, de sorte qu'ils n'osèrent pas encore exécuter leur dessein. Nous étions entre les mains de la Providence ; j'avais défendu aux hommes qui étaient avec moi de faire feu sur les sauvages. Ne sommes-nous pas venus pour leur apporter les bienfaits de la foi, au prix de tous les sacrifices et même de notre vie ? hélas ! ils ne le comprennent pas, et ils nous rendent le mal pour le bien.

Telle était notre situation au 20 juin, lorsque Mgr Collomb, évêque d'Antiphelles, vicaire apostolique de la Mélanésie et de la Micronésie, arriva à Ballade, à bord du *Spek*, accompagné d'un missionnaire. Le prélat venait de se faire sacrer à la Nouvelle-Zélande et il se rendait dans son vicariat, devenu veuf par le martyre de Mgr Epalle, dont il avait été nommé coadjuteur. Sa Grandeur apportait quelques provisions pour sa mission et pour celle de la Nouvelle-Calédonie. Il y avait en outre, à bord du *Spek*, des objets d'échange pour le compte de la Société française. Tout cela fut déposé dans un grand hangar où nous réunissions les naturels pour les instruire. Ceux-ci se prêtèrent volontiers au déchargement et demeurèrent tranquilles jusqu'au 10 juillet.

Mgr Collomb s'était vu forcé d'attendre à Ballade une occasion favorable pour se rendre à son poste, attendu que le capitaine du *Spek* ne pouvait se rendre aux îles Salomon d'après les engagements avec son armateur.

Il y avait alors à Ballade, outre Mgr d'Antiphelles et

son compagnon, les Frères Blaise et Bertrand, M. le docteur Beaudry, laissé par *l'Arche d'alliance* pour faire dans l'île des explorations scientifiques, Marie Julien, charpentier de *l'Arche d'alliance*, l'Ecossais Georges Taylor et moi.

Le 10 juillet, à six heures du soir, les sauvages s'introduisirent dans le hangar où était déposée la plus grande partie des effets; ils enlevèrent pour la valeur de 300 francs d'objets appartenant à la Société française. Nous avons appris depuis que leur intention était de nous attirer dans ce lieu et de profiter du désordre pour nous y massacrer tous. Heureusement, nous sortîmes assez tôt pour faire échouer leurs projets.

Le 15 du même mois, le compagnon de Mgr Collomb se rendit à Pouébo avec le P. Rougeyron pour y passer quelques jours. De là, il nous écrivit le lendemain que le bruit courait à Pouébo qu'aussitôt après le départ du *Spek* l'établissement de Ballade serait assailli par les forces réunies de toute la tribu.

Le 17, le *Spek* met à la voile pour Batavia. Le jour même de son départ, deux jeunes chrétiens, Antoine et Marie, nous avertirent que le lendemain on devait en effet nous attaquer. Nous ne fîmes pas assez attention aux paroles de ces enfants. Le 18, vers 8 heures du matin, le premier chef, Boéone, nous envoie dire par son second, Gomène, que pour rentrer en grâce avec nous les naturels consentent à rendre les étoffes dérobées le 10. L'offre est acceptée. A une heure après midi, Boéone et Gomène viennent, accompagnés de deux enfants qui portaient chacun un paquet de marchandises volées. Boéone a sa lance et Gomène son casse-tête. « Vous m'accusez toujours de vouloir faire la guerre et de ne pas aimer la paix, nous dit Boéone; aujourd'hui, vous ne pourrez pas nous faire ce reproche. La preuve que je viens avec des intentions pacifiques, c'est que je vous apporte des objets que quelques-uns des miens ont volés à mon insu ; venez les recevoir. » Pendant qu'on parlemente sur la terrasse de la maison, une troupe de sauvages armés de lances, de casse-têtes et de haches, à un signal convenu, se précipitent sur nous. Comme c'était au Frère Blaise et à moi qu'ils en voulaient, ce fut sur nous deux qu'ils tombèrent de préférence. J'esquive un coup de casse-tête, en même temps que le Frère Blaise est blessé d'un coup de lance dans la partie inférieure de la poitrine ; sa blessure est mortelle.

Je m'empresse d'écrire au P. Rougeyron pour l'informer de notre détresse. La jeune Marie, qui porte la lettre, est arrêtée et sommée de la part du premier chef, Boéone, de rebrousser chemin sous peine de la vie. A son retour, elle nous prévint qu'on allait mettre le feu au hangar qui servait d'église. Presque aussitôt l'incendie éclate au sommet de la toiture couverte de chaume ; impossible de rien sauver de tout ce qui s'y trouve. Le soir du même jour, Antoine et Marie nous annoncent que Boéone a ordonné à tous les villages de la tribu de s'assembler le lendemain, pour faire une attaque générale afin de nous massacrer tous. Nous faisons bonne garde toute la nuit.

Le 19 au matin, le feu est aux embarcations que nous a laissées le commandant de la *Seine*. Dans la pensée que ce jour peut être le dernier de notre vie, nous faisons tous notre confession. Mgr Collomb consomme les saintes espèces ; l'écossais Georges Taylor, que j'instruisais depuis quelque temps pour le disposer à se faire catholique, me demande le baptême que je lui administre sous condition ; il s'approche aussi du sacrement de Pénitence. A deux heures, nous sommes environnés de tous côtés par les sauvages ; ils sont tous barbouillés de noir et poussent des cris féroces. Cachés derrière de grosses pierres, à peu de distance de la maison, ils lancent d'énormes cailloux qui enfoncent les parois. Cependant ils n'osent encore envahir la cour. Le Frère Bertrand est blessé à la main. Le Frère Blaise est presque mourant. Les sauvages sont aussi acharnés contre nous qu'un lion contre sa proie. Tout à coup un chef s'écrie : « Brûlez la maison, brûlez la maison ! » Aussitôt le feu est mis au rez-de-chaussée ; il ne nous est pas possible de l'éteindre. Déjà nous sentons la chaleur au-dessous de nous ; notre anxiété est extrême: rester, c'est périr dans les flammes ; descendre, c'est tomber infailliblement sous les coups des sauvages. Nous nous réunissons tous dans la petite chapelle intérieure. Le Frère Blaise lui-même quitte son lit, et se traînant comme il peut, vient nous rejoindre ; il a la sérénité sur le front, le sourire sur les lèvres : « Je viens, dit-il en entrant, attendre ici le dernier coup. » Quelques instants auparavant, comme monseigneur paraissait ému, en lui donnant sa bénédiction : « Eh ! pourquoi nous fatiguerions-nous, » lui avait-il dit? nous ne faisons qu'échanger cette vie » contre une meilleure. » Je dois dire, à la louange de cet excellent Frère, que sa mort m'a encore plus édifié qu'elle ne m'a affligé. Pendant que je lui administrais pour la dernière fois le sacrement de Pénitence et que je l'exhortais à pardonner de bon cœur à ses bourreaux, à l'exemple de notre divin Maître : « Oh ! me dit-il, » combien je voudrais que ma mort fît le bonheur » de ce pauvre peuple ! je leur pardonne de toute l'éten- » due de mon cœur. » La douce sérénité de ce bon Frère a tellement édifié le nouveau catholique Georges, qu'il n'a pu s'empêcher de dire : « C'est bien là la vraie » religion ! »

Cependant le temps presse ; Mgr Collomb s'agenouille

devant moi pour me demander une nouvelle absolution et l'indulgence plénière *in articulo mortis*. Après cela nous tombons tous à genoux, le priant de nous accorder la même faveur, puis nous nous embrassons et nous nous disons adieu jusqu'au ciel, où nous espérons nous rejoindre dans quelques instants. Monseigneur et moi faisons vœu de dire cent messes chacun, s'il plaît au Seigneur de nous tirer de ce péril extrême. Alors la pensée nous vint qu'en abandonnant la maison au pillage, nous aurons peut-être quelque chance de salut. Le docteur Beaudry jette à la multitude la clef du lieu où se trouvent nos provisions; les sauvages s'y précipitent; c'est la dernière lueur d'espérance; nous en profitons pour sortir. Je me présente le premier, et rencontrant un chef appelé Ouondo, j'essaie de pourparler avec lui, tandis que Monseigneur et le Frère Bertrand s'échappent par la cour; viennent ensuite M. Beaudry, Marie, Julien et Georges. Deux naturels armés de lances s'avancent pour percer Monseigneur et le Frère Bertrand ; M. le docteur, qui est armé d'un fusil, le présente d'un air menaçant; les agresseurs s'arrêtent. Au même instant, les sauvages pénètrent auprès du Frère Blaise et lui assènent plusieurs coups de massue. Je ne peux m'échapper moi-même qu'à grand' peine, en passant sur les ruines de l'église brûlée. Je rencontre une troupe de soixante ou quatre-vingts insulaires qui recueillent les débris échappés à l'incendie. Un grand sauvage, plus laid et plus noir qu'un démon, fond sur moi pour m'assommer à coup de pierres. Je cours alors de toutes mes forces; deux fois il me lance un gros caillou; mais deux fois, par une Providence particulière, je tombe, et ma chute coïncide exactement avec le coup qui devait me tuer. La seconde fois surtout le sauvage a dû croire qu'il avait réussi et me laisse pour retourner au pillage. Je me relève comme je peux, et je rejoins mes compagnons d'infortune. Hélas! le Frère Blaise nous manquait! nous étions désolés de n'avoir pu l'arracher des mains des sauvages.

Nous nous dirigeons en toute hâte vers Pouébo. Arrivés au petit village de Diréoué, où nous avons un zélé catéchiste nommé Michel, nous apprenons de lui que les chefs de Ballade ont donné ordre partout de nous massacrer. Nous avions craint que l'établissement de Pouébo n'eût éprouvé le même sort que celui de Ballade; dans notre détresse, nous fûmes heureux d'apprendre que rien de semblable n'y avait eu lieu. Avant d'arriver au premier village de cette tribu, nous rencontrons deux enfants, le catéchiste Louis et le catéchiste Moucko, que le Père Rougeyron, informé de ce qui était arrivé la veille, envoyait afin de s'assurer de l'état des choses. Ces deux enfants nous sont d'un grand secours, en nous faisant passer par des chemins détournés; nous évitons ainsi tous les périls. Le jeune Louis, voyant notre faiblesse et notre dénûment, ne peut retenir ses larmes. Tout jeune qu'il est, il présentait continuellement ses épaules pour nous porter tour à tour, Monseigneur et moi, et puis il nous disait: « Vous avez trop faim, » restez là cachés dans les broussailles, et je vais vous » chercher à manger. » Quoique nous n'eussions rien pris depuis deux jours, nous ne voulions pas permettre qu'il se séparât de nous. Ce fut un grand soulagement pour mon cœur que les soins empressés et généreux de cet enfant, comparés à la barbarie de ses compatriotes. D'ailleurs, le moindre retard aurait pu être funeste: les sauvages nous poursuivaient, et, pour comble d'infortune, il arrivait que de distance en distance, Mgr Collomb, brisé de fatigue et d'émotion, éprouvait des défaillances et des douleurs de crampe : alors le jeune Louis lui frictionnait les pieds.

Enfin, nous arrivâmes à l'établissement de Pouébo à huit heures du soir dans un état déplorable et si accablés de fatigues que nous pouvions à peine nous soutenir. Monseigneur lui-même et le docteur étaient sans chaussure. Les Pères vinrent à notre rencontre ; nous confondîmes nos larmes et fîmes ensemble notre sacrifice.

Le 20 juillet, nous délibérons et convenons unanimement que le Frère Auguste et le matelot Auméround iront à Yenguène s'informer s'il y a un navire dont nous puissions espérer quelque secours. En même temps nous nous empressons d'envoyer à Ballade les enfants Louis, Augustin et Nangaro, attachés à la mission, pour chercher le Frère Blaise et le ramener dans l'embarcation du chrétien Grégoire. Louis revint le même jour et nous apprend que nous avons un frère de moins, un martyr de plus. Le Frère Blaise, qui a conservé jusqu'au dernier moment la résignation, avait essayé de fuir vers Pouébo comme les autres ; mais la grièveté de sa blessure lui coupait à chaque pas sa respiration. La lance dont il avait été frappé s'était cassée dans la plaie ; il avait six pouces de bois dans le corps : il tomba épuisé de fatigue à quelques pas de la maison, et s'étendit sur un peu d'herbe, le long d'une haie. Deux jeunes chrétiens, Antoine et Marie, essayèrent de le soulager. Notre Frère sentait qu'il était perdu : « Ne pensez pas à moi, leur dit-il ; bientôt je serai au ciel : mais allez à la maison prendre » ce que vous pourrez, ne craignez pas ; vous ne ferez » pas de péché ; je vous le donne. » Malgré ses instances réitérées, ces deux enfants ne voulurent pas l'abandonner, et assistèrent à ses derniers moments.

Lorsque les sauvages eurent pillé le magasin des provisions, ils se dispersèrent dans la campagne et virent le Frère Blaise moribond. Ouondo et Gomène se soucièrent fort peu de le protéger. Les premiers sauvages qui le rencontrèrent l'accablèrent brutalement de cours de massue, le dépouillèrent de ses habits et disparurent avec une partie de ce nouveau butin. Le martyr n'était pas encore mort : revenu de son étourdissement et se voyant sans habits, il ramassa quelques poignées d'herbe et s'en couvrit du mieux qu'il pût. Il ne parlait plus ; mais ses yeux étaient sans cesse fixés au ciel. Antoine et Marie se tenaient à genoux à ses côtés et unissaient leurs prières aux siennes.

Alors survinrent d'autres sauvages. L'un d'eux était armé d'une hâche dont il se servit pour couper la tête au Frère. Les cannibales ne bornèrent pas leur férocité à cet acte de barbarie ; ils avaient trop de provisions pour penser à le rôtir ; mais ils s'amusèrent à exercer sur son corps les plus infâmes horreurs !... (1).

Cependant l'événement de Ballade excite au plus haut point la cupidité des gens de Pouébo. Nous apprenons, le 21, qu'ils ont formé le projet de nous attaquer. Nous nous adressons de nouveau à Dieu ; chacun des missionnaires fait encore un vœu particulier, et nous prenons en même temps des mesures de prudence. Le 22 juillet, le Frère Auguste et le matelot Auméroud arrivent d'Yenguène ; il ne s'y trouve point de navire ; nous voilà forcés de demeurer au poste où nous a placés la Providence : elle seule peut nous en tirer. Nous sommes treize dans l'établissement de Pouébo : six venus de Ballade, et de plus le R. P. Rougeyron, un des compagnons de Mgr Collomb, le Frère Auguste, le charpentier Prosper et trois matelots laissés par la

(1) Le Frère Blaise était d'Yssac-la-Tourette et était parti de France avec Mgr Douarre.

Seine, Beaucherel, Cadousteau et Auméroud. Nous apprenons que les sauvages de Ballade veulent se servir de notre maison, dont ils ont éteint l'incendie, pour tendre des embûches aux bâtiments qui viendront dans ces parages; ils doivent se promener sur la terrasse en soutane, tirer des coups de fusil afin d'attirer les navires dans le port et se cacher dans les palétuviers pour massacrer les gens de l'équipage quand ils débarqueront. Craignant pour l'*Anonyme* et l'*Arche-d'Alliance,* que nous attendons de jour en jour, nous sentons la nécessité de brûler cette maison. Les enfants de la mission exécutent ce projet dans la nuit du 5 au 6 août.

L'attitude des naturels à notre égard devient menaçante; nous nous attendons à une nouvelle catastrophe. Plusieurs fois, nous les avons vus se réunir autour de notre demeure avec des intentions hostiles. Une nuit, les habitants des deux villages se sont assemblés chez notre plus proche voisin pour nous attaquer immédiatement; il les en a détournés. « Nous ne nous pressons » pas beaucoup de vous attaquer, nous disaient ces » cannibales, parce que nous savons que vous manquez » de vivres; la faim vous fera bientôt sortir de votre » retraite, et alors nous nous jetterons sur vous pour » vous massacrer et vous manger. »

Le 9 août, nous nous trouvâmes réduits aux dernières extrémités. Nous venions de recevoir le sacrement de Pénitence et de nous faire encore une fois les derniers adieux; nous allions nous livrer à nos bourreaux, sur le conseil du P. Rougeyron, lorsque tout à coup paraît à l'horizon un navire qui se dirige de notre côté, et bientôt nous le reconnaissons pour un navire français : c'est la corvette *la Brillante,* commandée par M. le vicomte du Bouzet. Nous nous hâtons d'envoyer deux hommes à bord, avec une lettre qui signale notre détresse. La mer était houleuse; ce n'est que le 10 au soir que M. du Bouzet put nous envoyer du secours. Il nous arrive trois embarcations montées par soixante hommes bien armés sous les ordres de MM. de La Motte et Fournier. Nous sommes invités à envoyer une députation pour concerter avec M. le commandant les moyens de prudence les plus favorables dans notre position. Mgr Collomb et moi partons à 10 heures du soir sur l'embarcation; nous n'arrivons qu'à cinq heures du matin à Ballade, où la corvette était mouillée. M. du Bouzet nous accueille à son bord avec une bienveillance au-dessus de tout éloge; il est décidé que la corvette lèvera l'ancre pour aller mouiller à Pouébo. Cette manœuvre s'exécute et nous arrivons le 11 devant le village.

M. le commandant s'occupe aussitôt de notre délivrance, une pluie battante qui dure toute la nuit du 11 au 12 nous permet de faire transporter à bord nos principaux effets. Sans cette averse, nous eussions été attaqués par tous les villages de la grande tribu de Pouébo. Le 12, le grand chef vient présenter au P. Rougeyron une pièce d'étoffe en signe de paix. Le Père, qui soupçonnait avec raison un piége, en avertit un matelot, et celui-ci s'avance, tenant sa bayonnette d'une main, tandis que de l'autre il reçoit le présent. Ce même chef, quelques instants auparavant, était devant la maison, au milieu d'un groupe qu'il haranguait, et le P. Rougeyron avait pu entendre ces paroles : « Insistez à la » guerre, persévérez, ne fuyez pas..... »

A 9 heures du matin arrivent trois officiers de marine et deux élèves avec vingt-quatre hommes; M. le commandant nous fait exprimer le désir qu'il a de nous recevoir à son bord le plus tôt possible. Nous nous mettons en route vers le rivage, dont nous sommes éloignés d'environ trois quarts d'heure. Les sauvages réunis en grand nombre attendent que nous soyons entrés dans les broussailles pour nous attaquer impunément. Aussitôt que nous sommes arrivés au bas du monticule sur lequel est située notre maison, le grand chef nous fait signe de passer de l'autre côté du ruisseau ; mais informés que plusieurs milliers d'indigènes y sont cachés en embuscade afin de nous surprendre et de nous tuer dans notre retraite, nous refusons de suivre le chemin qui nous est indiqué ; le grand chef donne alors le signal de l'attaque. Une grêle de lances et de flèches viennent pleuvoir sur nous. Les marins français se voient forcés de tirer pour se défendre. Mais comme les sauvages se cachent dans les broussailles, rampant et se traînant dans l'herbe, on peut à peine entrevoir les mains d'où les traits sont partis. L'un d'eux cependant s'approche de si près, qu'après avoir manqué le fourrier Souchon, il est tué par lui d'un coup de baïonnette. Enfin, nous arrivons sur le rivage, nous sommes hors de danger. M. le lieutenant de La Mothe fait l'appel, personne n'y manque ; mais cinq hommes sont blessés, dont deux gravement : de ce nombre se trouve M. Raymond, élève de 2e classe, qui a reçu une lance dans le cou. Par bonheur ces plaies n'ont pas eu de suite.

M. le commandant, au bruit de la fusillade, était accouru sur son canot ; il y fait mettre les blessés et nous sommes tous rendus à bord à midi. Je ne puis vous dire avec quel empressement les officiers nous ont reçus et avec quelle bonté ils ont partagé avec nous leurs cabines et leurs effets. Tous nos vêtements étaient mouillés et nous ne pouvions les garder sans imprudence. Chacun de ces messieurs mit son linge à notre disposition et se fit un plaisir de nous habiller. Comme faible hommage de notre reconnaissance, qu'il me soit du moins permis de les nommer : état major et élèves de *la Brillante* : MM. le commandant du Bouzet, le lieutenant Lefer de La Mothe, dont j'ai connu le frère au Séminaire de Saint-Sulpice à Paris; les enseignes Lebris, de Trocoff et Fournier; les élèves Dubros, Thyerry, Lagrange, Laporte, du Bochage, Raymond qui a été blessé, le commissaire de Castillon et le docteur Bedlinger.

M. le commandant nous dit alors qu'il avait l'intention de tirer vengeance de la conduite cruelle des habitants de Ballade. Nous lui signifiâmes par écrit que notre devoir, comme missionnaires, était de pardonner à nos ennemis et nous le conjurâmes de pardonner comme nous. Il nous répondit qu'il louait notre démarche, mais que ce n'étaient pas seulement les missionnaires qui étaient victimes de la rapacité et de la perfidie des Calédoniens ; que la Société française de l'Océanie avait fait aussi de grandes pertes; que ses représentants établis en toute confiance à Ballade, sous la sauvegarde de la foi jurée, avaient couru les plus grands dangers pour leur vie ; que les naturels, poussés par le génie du mal, avaient commencé de mettre le feu aux embarcations de la *Seine*, appartenant à la France; qu'il croirait manquer à son devoir en laissant tant de méfaits impunis.

Le 15 août arrive l'*Anonyme*. La Providence nous a encore très-bien servis dans cette circonstance. Un fort vent de l'est nous avait retenus jusque-là dans la rade de Pouébo; sans cela nous fussions partis, et dans ce cas c'en était fait de l'*Anonyme* et de son équipage.

Le 18 août, les deux navires se rendirent à Ballade. Le 20, M. du Bouzet fit une descente à terre avec un détachement de soixante-quinze hommes. Après trois quarts d'heure de marche, cette troupe arriva à Ballade sans rencontrer d'opposition. Le pays est découvert en cet endroit. Tous les indigènes s'enfuyaient dans la montagne. M. le commandant fit mettre le feu aux maisons des principaux chefs, entr'autres à celle de Parama, un des plus traîtres; et, pour apprendre aux bâtiments qui pouvaient venir mouiller à Ballade, à se défier des habitants, il fit abattre une vingtaine de cocotiers de ce chef, dans la partie du rivage qui en est couverte. Les naturels, cachés dans un bois voisin, poussaient des hurlements sauvages; ils lancèrent même quelques javelines : personne heureusement ne fut atteint.

Le 21 août, le brik l'*Anonyme* se sépara de nous pour aller aux îles Salomon; il emmenait Mgr Collomb. Nous mîmes à la voile le même jour afin de nous rendre à Sidney, en passant par Annatom. Le capitaine de l'*Arche d'alliance* devait toucher à cette île, avant de gagner la Nouvelle-Calédonie au mois de décembre; nous y laissâmes une lettre pour l'avertir de notre désastre et prévenir un nouveau malheur.

Enfin, le 26 août, à 9 heures du matin, après avoir été sur le point de nous briser contre un écueil jusque-là inconnu, nous arrivâmes à Sidney.

Nous nous sommes éloignés à regret de ces infortunés Calédoniens qui repoussent si aveuglément les bienfaits de la foi. Espérons que le sang du martyr qui a coulé sur cette terre ingrate sera une prise de possession de l'île au nom de Jésus-Christ. Plus heureux que tous, le Frère Blaise est mort comme notre divin Sauveur en priant pour ses bourreaux (1). »

(1) Rapport du P. Rougeyron et des autres missionnaires au P. Colin, supérieur des Maristes, à Lyon.

NOTE III.

Le P. Rougeyron ajoutait au récit qui précède : « Dans le rapport que nous vous envoyons, nous avons » énoncé les faits douloureux qui viennent de se passer » à la Nouvelle-Calédonie. Je me hâte de vous appren- » dre que si notre croix est pesante elle n'est cependant » pas sans consolation. Notre petit troupeau de néophytes » et plusieurs de nos catéchumènes nous ont donné de » touchantes et admirables preuves d'une conversion » sincère. Oh ! combien la grâce du baptême est puis- » sante sur une âme bien disposée ! Par elle les loups » sont changés en agneaux.....

» Le jeune Augustin nous a été du plus grand secours » pendant que nous étions assiégés. Il était toute la » journée à voir ce qui se passait au dehors ; il me pré- » venait des projets des sauvages et des dangers que » nous courrions. Un jour que le danger lui parut » plus grand qu'à l'ordinaire, il m'arracha d'entre les » mains un objet d'échange, pour aller le porter aux » sauvages pour les adoucir par ce présent. Comme je » lui demandais la raison de sa conduite, il me répondit » qu'il ne voulait pas qu'on me traitât comme le Frère » Blaise. Quant à moi, me dit-il, ils ne me tueront point, » et quand ils le feraient leur faute serait moins grande. » Ces paroles d'un jeune enfant m'arrachèrent des » larmes.

» Un autre jour, me voyant triste : — Père, me » dit-il, je vois bien que tu veux m'abandonner. — Mais » non, lui répliquai-je, si tu es bien sage, je t'aime. —

» Hé bien! si vous m'aimez, pourquoi ne me feriez-vous
» pas une lettre qui me serait utile dans le cas où l'on
» vous tuerait tous? je la présenterais à un capitaine de
» navire, et il m'emmènerait quelque part pour me
» confesser.... Oh! que je serais heureux de périr avec
» vous! Tous les jours j'apprends la mort de quelqu'un
» qui aurait voulu vivre et qui aurait tant voulu mourir
» pour aller plus vite au ciel!.... Et de grosses larmes
» roulaient dans les yeux de ce pauvre enfant; je le con-
» solai en lui disant qu'il faut abandonner notre sort
» entre les mains de Dieu qui est notre père.

» Un de nos catéchistes de Pouébo, nommé Grégoire,
» est venu, dans ces jours désastreux, se fixer au milieu
» de nous afin de nous servir. Comme nous ne pouvions
» sortir, il allait faire pour nous les commissions les
» plus périlleuses..... Il nous a gagné l'affection du chef
» de son village. Ces sauvages apportaient le fruit de
» leur pêche : le plus beau poisson était toujours réservé
» pour nous.

» Mais le catéchiste qui a montré le plus d'héroïsme,
» c'est Michel, qui a combattu contre les siens pour
» nous protéger. Vaincu par le nombre, il a vu ses cases
» détruites et ses plantations brûlées.. .. je ne l'avais
» plus revu depuis notre fuite de Ballade, et notre séjour
» dans l'île étant devenu impossible, il me promit de
» nous suppléer autant qu'il pourrait, de continuer la
» mission et de faire construire des églises. Je l'ai
» engagé à baptiser, comme il le faisait auparavant,
» ceux qui seraient en danger de mort. Il espère que
» les gens de sa tribu, se sentant punis de notre absence,
» en deviendront meilleurs, et qu'à notre retour, nous
» en trouverons un bon nombre pour le baptême.

» Antoine, autre jeune chrétien, était auprès du Frère
» Blaise quand celui-ci fut massacré à coups de massue;

» il nous a dit que notre chapelle a été dévastée, les » ornements profanés, les vases sacrés jetés dans l'ordure, » et tous les objets du culte foulés aux pieds ; c'est lui » qui sauva le fer à hosties.

» Que vous dirai-je de notre petite chrétienne Marie? » Les sentiments religieux qu'elle a montrés dans cette » circonstance sont dignes des plus grands éloges. » Pendant que les sauvages tramaient leurs odieux » complots, elle s'informait de tout et venait en instruire » le Père Grange. Lorsque le Frère Blaise eut été » blessé, elle resta avec Antoine auprès du moribond, » et quand il eut rendu le dernier soupir, loin de l'aban- » donner, elle versa près de lui un torrent de larmes » amères, puis se mit à dire sa prière et à réciter son » chapelet pour le repos de son âme. Par une inspiration » particulière, elle coupa une pièce du vêtement du » Frère. La relique était bien choisie ; c'était précisé- » ment le morceau qui avait été percé du coup de lance; » il était rougi de sang..... quelques jours après elle le » remit au catéchiste Louis qui me le donna. Ce qu'il y a » d'étonnant, c'est que je n'avais jamais parlé de reliques » à cette enfant : je ne sais qui a pu lui donner cette » idée religieuse..... Lorsque la nuit fut arrivée, elle » profita de ce moment pour rendre au bon Frère Blaise » les honneurs de la sépulture ; seule, au moyen d'un » petit bâton, cette enfant de douze ans parvint à creuser » une fosse, où elle enterra de ses faibles mains les » membres mutilés du défunt. Plus d'une fois elle est » venue pleurer et prier sur cette tombe.....

» Nous quittons, il est vrai, la Nouvelle-Calédonie, » théâtre de nos douleurs et de nos souffrances, mais ce » n'est pas pour toujours ; bientôt, je l'espère, viendra » pour nous le moment de revoir cette terre désolée, » où nous avons laissé une semence de chrétiens.

» Hélas! ces pauvres sauvages ne comprennent pas ce
» qu'ils font, ils sont dignes de toute pitié : plus ils nous
» persécutent, plus nous les aimons en Jésus-Christ qui
» est mort pour eux aussi bien que pour nous. Nous ne
» cessons de prier pour leur conversion et nous vou-
» drions donner mille vies si nous les avions pour leur
» salut et leur bonheur. »

NOTE IV.

Dans le chagrin qu'éprouvait le R. P. Rougeyron de voir ruiner ses espérances, l'ingratitude des Calédoniens à Ballade et à Pouébo enflammait de plus en plus sa charité ; il disait volontiers qu'il se dévouerait pour rester au milieu de ses chers sauvages, même après le départ des autres missionnaires ; qu'il était convaincu que pour réussir il fallait se dévouer, adopter leur manière de vivre, coucher comme eux, manger comme eux et se contenter des vêtements les plus indispensables.

NOTE V.

En 1848, époque de son retour en Auvergne, Mgr Douarre visita la Tourette qui lui fit le plus grand accueil. « Mon bonheur, dit-il à ses paroissiens, est » celui d'un père au milieu de ses enfants et d'une » famille chérie qu'il a quittés pour obéir à la volonté » de Dieu. » Puis il donna à ses avides auditeurs des détails curieux sur son arrivée à la Nouvelle-Calédonie, sur les habitants, la mission, les progrès de la foi, les occupations des missionnaires. Lorsqu'il leur parlait de la seconde maison qui avait été élevée : « Mais, » ajouta-t-il, vous me direz : Comment avez-vous fait » pour bâtir une maison ? Quels étaient vos ouvriers ? » — Je vais vous satisfaire : Nous mêmes nous étions » nos ouvriers. Jean Taragnat, votre compatriote, » présidait aux travaux de maçonnerie, puisque, comme » vous le savez, avant d'être Frère coadjuteur, il exer» çait la profession de maçon, et votre ancien pasteur » portait l'oiseau. »

A ce moment, toute l'église retentit de cris, de pleurs, de sanglots. L'émotion générale gagna le prélat lui-même.

NOTE VI.

A son retour de Rome, Mgr Douarre visita la Forie, son pays natal. Il n'eut pas le bonheur d'y retrouver sa mère, morte depuis peu. Sa présence excita un enthousiasme indicible. Voici ce que raconte un prêtre de Clermont qui en fut le témoin oculaire :

« Enfant et jeune homme, il a été aimé de tous ;
» prêtre, il a été aimé, estimé, respecté ; évêque,
» été aimé, vénéré comme il était digne de l'être.
» Rien de plus attendrissant que le spectacle de la
» Forie, sa paroisse, venant presque toute entière
» jusqu'aux portes d'Ambert à l'encontre de l'apôtre de
» la Nouvelle-Calédonie. Je m'en souviens, on était insa-
» tiable de le voir et de l'entendre. C'était l'émotion
» presque en délire. Affable avec dignité, simple avec
» noblesse, il avait pour celui-ci un sourire, pour celui-
» là une parole, pour quelques-uns un serrement de
» main, pour tous une large bénédiction de cœur. Ces
» braves papetiers de la Forie, compagnons de son père,
» conversaient avec lui sur le pied de l'égalité, avec la
» nuance de respect que son caractère commandait.
» Tel ils l'avaient vu jeune, tel ils le retrouvaient à
» vingt ans de distance, évêque et décoré, et néanmoins
» aussi expansif, aussi bon, aussi serviable, aussi acces-
» sible à tous... » (Le premier vicaire apostolique de la Nouvelle-Calédonie. — M. X***. — M. Vimal (Camille), d'Ambert, premier histor. de Mgr Douarre).

NOTE VII.

Lorsqu'après le 24 février 1848, éclata soudain l'orage amassé sur la France par la corruption, les fausses doctrines, l'action des sociétés secrètes, la liberté de la presse et les scandales judiciaires, à l'occasion des *banquets* organisés par Odilon Barrot et Lamartine, au sujet du *Cens électoral,* Mgr Douarre (habillé en civil), parcourait les rues de Paris pour s'occuper des affaires de sa mission. Arrivé sur une place publique, il voit le peuple réuni autour d'un orateur qui exaltait *le communisme.* « Oui, oui, vive le communisme ! s'écriait la foule. » L'on acclamait l'avénement prochain de la grande émancipation sociale et l'abolition radicale de la propriété. Mgr Douarre s'approche, monte sur la table qui sert de tribune, et, commandant le silence d'un geste : « Citoyens, écou-
» tez-moi ; je viens d'un pays situé à quatre mille
» lieues, où les maisons, les biens, les champs, tout
» est commun, même les femmes. Le nom seul de pro-
» priétaire y est inconnu. Dans ce pays, personne ne
» travaille et ne veut travailler ; la terre qu'ils grattent
» d'un air insouciant, rapporte, quand le temps est beau,
» des récoltes peu abondantes qu'ils se partagent pour
» vivre ; mais la récolte ne suffit pas toujours, et sur-
» tout si la saison n'a pas été favorable. Savez-vous ce
» qui arrive alors ? Le plus fort se jette sur le plus
» faible, et on l'embroche, on rôtit et on mange les
» hommes comme des poulets. Croyez-moi, avant de
» vous engager dans le communisme, procurez-vous

» de bonnes broches de fer longues et solides, afin de » ne pas mourir de faim. » Alors on poussa de grands éclats de rire et on applaudit vivement, et le peuple s'écria : « A bas le communisme ! » L'orateur s'esquiva au milieu de son triomphe... Le *communisme* reparaît de nos jours sous le nom de *socialisme*. Il n'en trompe pas moins le peuple qui se laisse facilement duper par les agents des sociétés secrètes, *l'Internationale, le Socialisme, la Franc-maçonnerie,* qui visent à détruire la société actuelle sans savoir ce qu'on mettra à la place des institutions existantes, établies depuis des siècles sous l'influence divine du christianisme.

NOTE VIII.

Paroisse d'Yssac-la-Tourette.

L'église paroissiale de la Tourette était autrefois à Yssac, à un kilomètre du village. Cette église était très-ancienne. Grégoire de Tours en a parlé sous le nom *d'Oratorium domûs Yciacensis* et *Yciacum;* il dit qu'on y conservait des reliques de saint Saturnin qu'on possède encore de nos jours, et qu'elle fut pillée dans le temps que le malheureux Chramme se retira d'Auvergne en Bretagne et que ses gens y commettaient toutes sortes de crimes (1).

(1) Chabrol, coutumes d'Auvergne. — Anciennes coutumes d'Auvergne avec les notes de Charles du Moulin.

L'église d'Yssac étant tombée en ruine par les dévastations des guerres religieuses, comme le constate le rétable curieux que nous avons fait restaurer, les habitants de la Tourette firent bâtir une chapelle dans leur village vers 1640, où toutes les fonctions curiales se sont faites depuis la fondation. Le 25 juillet 1641, ils obtinrent le consentement du chapitre de Saint-Amable de Riom, auquel le prieuré d'Yssac était réuni depuis 1145, par Aimeric, évêque de Clermont, et confirmé en 1168 par Etienne de Mercœur, son successeur.

D'après un vieux titre que nous possédons, signé Dupré, notaire royal à la sénéchaussée de Riom, du 18 octobre 1643, il y est stipulé que le commandeur (1) de la Tourette, Jacques Girod, s'oblige à payer à Laurent Dupuy, curé *d'Issat la Tourette,* la somme de *cinquante livres* par an pour la partie de sa *portion congrue* (2).

Laurent Dupuy était donc curé d'*Issat la Tourette* en 1643, et par conséquent le premier qui ait exercé les fonctions curiales, non à Yssac, mais dans la chapelle ou église de la Tourette.

L'église d'Yssac, ruinée pendant les guerres religieuses, fut néanmoins restaurée plus tard par le prieuré de Saint-Amable. A la révolution il y avait encore un prieur et un sacristain pour percevoir les revenus des prés, terres et vignes affectés au prieuré. Depuis cette époque, l'église fut abandonnée, et il ne reste plus que quelques ruines éparses couvertes par les ronces et les buissons.

(1) Il y avait à la Tourette une commanderie de Malte dont une partie des bâtiments existent encore de nos jours.

(2) *Portion congrue.* — On appelait ainsi une pension due par le gros décimateur à un curé qui desservait une cure avant la Révolution. Cette question était réglée par ordonnance royale pour subvenir aux besoins des curés ou des vicaires perpétuels.

L'église de *la Tourette* était restée, depuis sa fondation, indépendante du prieuré d'*Yssat* et les fonctions curiales s'y faisaient comme dans toutes les paroisses d'Auvergne.

Les registres les plus anciens que nous avons compulsés ne datent que de 1669 ; les autres se sont perdus ou ont disparu en 1793.

En 1669, nous lisons sur les actes de baptême, de mariage et d'enterrement, le nom de M. Ravel Michel, qui fut curé d'*Issat la Tourette* depuis cette époque jusqu'en 1722. Il resta cinquante-trois ans à la tête de l'administration de cette paroisse. Il mourut à un âge très-avancé : La signature des derniers actes accuse une main défaillante.

En 1722, son successeur fut Alexandre Rellier, qui signe d'abord comme vicaire d'*Issat la Tourette,* depuis le mois de janvier jusqu'au mois d'août de la même année, et ensuite *comme curé* de la paroisse. M. Rellier était un prêtre d'une grande piété et d'une charité apostolique, comme l'indique la rédaction du règlement de *la Société* formée entre plusieurs prêtres de la *conférence de Davayat,* dont il fut nommé président. La réunion où cette société fut organisée et constituée eut son siége à Yssac-la-Tourette.

A cette époque, Mgr Massillon avait établi des *conférences diocésaines* à peu près dans le genre de celles de nos jours. Or, parmi les membres de la conférence qui se tenait à Davayat, il y eut un grand nombre de prêtres qui formèrent entre eux *une société de secours mutuels.* M. Rellier, en qualité de président de ladite société, fut chargé d'en présenter le règlement à Mgr l'évêque de Clermont et d'en solliciter l'homologation auprès de Sa Grandeur. C'était vers 1741 ou 1742.

Ce règlement, témoignage bien consolant de la piété

du clergé de cette époque, nous paraît digne d'être inséré dans cette notice (1):

« Une triste expérience avait appris à nos anciens » confrères, et nous fait voir comme à eux, qu'il n'est » que trop ordinaire de voir MM. les curés de campagne » manquer également, dans leurs maladies, des secours » qui regardent la santé du corps et le salut de l'âme, » et après la mort des prières pour les soulager dans les » peines dont ils peuvent se trouver redevables envers » la justice divine. Ceux qui doivent les leur procurer » par le seul sentiment qu'inspirent la tendresse et la » reconnaissance les oublient dans ces tristes circons- » tances où la main de Dieu s'appesantit sur eux et sont » moins attentifs à leur fournir les moyens de salut les » plus nécessaires, qu'à s'emparer de leurs biens. S'ils » pleurent par grimaces ou par bienséance sur ce qui » est malade et qui est à mourir, ils oublient ce qui est » plein d'immortalité et de vie.

» La crainte de nous voir exposés à ces inconvé- » nients nous a portés à former *une société* où nous » puissions *mutuellement* nous permettre les différents » secours dont nous aurions besoin dans nos maladies, » et plus particulièrement encore à l'heure de notre » mort, en nous imposant à nous-mêmes un devoir de » visiter nos confrères, de pourvoir autant que nous » pourrons à leurs besoins temporels, de leur adminis- » trer les sacrements, ou du moins d'être présents lorsque » d'autres les leur administreront ; de les consoler dans » leurs maux et dans leurs souffrances, les fortifier dans » leur agonie et aux approches de la mort, nous trouver à

(1) Cette pièce a été copiée à la Bibliothèque de Clermont où se trouve l'original. Nous devons aussi beaucoup à l'obligeance de M. Chatard, curé de Davayat, qui nous a fourni plus d'un document utile à notre travail.

» leurs obsèques, et enfin ne les point oublier dans nos » prières et dans nos saints sacrifices.

» Dans l'espérance que Dieu bénira ce dessein, nous » nous sommes assemblés chez M. Alexandre Rellier, curé » de la Tourette, où après avoir invoqué le Saint-» Esprit..... nous nous sommes engagés à garder les » statuts et règlements tels que nous les avons rédigés » entre nous. »

En voici la teneur :

« La distance des lieux où nous ne pouvons pas nous » rendre commodément et sans nous exposer à manquer » à quelques-uns de nos devoirs curiaux et la difficulté » de recevoir des lettres et avis des secrétaires qui les » confient souvent à des personnes qui les rendent » qu'après-coup et trop tard, nous a portés à renfermer » notre société dans les bornes étroites de ce canton et » de n'y admettre personne qui ne soit de la conférence » ecclésiastique que nous tenons tous les mois à Davayat » (en été), par ordre de Monseigneur notre Évêque, » et si l'on y admet quelqu'autre, ce ne sera que nos » plus proches voisins et pour des raisons légitimes....

» Il se tiendra chaque année une assemblée chez un » des confrères après Pâques. On célèbrera la messe » pour l'anniversaire général de tous les confrères » morts... Chaque confrère dira la messe pour les con-» frères défunts... On gardera le silence pendant le » repas. On y fera chacun à son tour la lecture de » quelque livre de piété qui ait rapport à la circonstance » présente et on y conviendra de celui chez qui l'on » devra aller l'année suivante.

» Le premier qui saura un de ses confrères malades, » en avertira le directeur de la société, qui se trans-» portera d'abord chez le malade pour s'informer de » l'état de sa maladie, et si elle est dangereuse, il en

» avertira sur le champ le secrétaire, qui écrira une
» lettre circulaire à tous les confrères pour leur donner
» avis de la maladie. Chacun desquels dira au plutôt
» la messe pour le soulagement du malade. Le directeur
» s'informera du malade, même de ses besoins tempo-
» rels, et chacun de ses confrères, sur son avis, contri-
» buera à ses nécessités suivant qu'il sera réglé par
» l'assemblée.

» S'il y a du danger pour la vie, le secrétaire en
» avertira par une lettre circulaire les confrères, qui
» viendront chacun à leur tour visiter le malade.

» Si celui qui est auprès du malade voit quelque
» danger à craindre, il avertira sur le champ par une
» lettre M. le directeur, qui sera obligé de se rendre
» chez le malade, et s'il le peut il parlera lui-même
» au malade, l'avertira qu'il n'y a rien de plus certain
» que la mort et rien de plus incertain que l'heure;
» qu'ainsi, il doit mettre ordre à ses affaires temporelles
» et se préparer à recevoir les sacrements.

» Lorsqu'on jugera à propos d'administrer les sacre-
» ments au malade, le secrétaire fera avertir les con-
» frères de la société pour y être présents, afin que les
» cérémonies se fassent avec toute la décence possible,
» et les confrères seront tenus d'y assister autant que
» leur devoir le leur permettra pour édifier leur confrère
» malade, par leur zèle, leur piété et le consoler dans
» ses peines.

» Tant que l'agonie durera, les confrères se succède-
» ront pour ne point abandonner le malade dans ces
» tristes circonstances, le veilleront nuit et jour et lui
» suggéreront avec prudence quelques réflexions conve-
» nables à sa situation.

» Dès que le confrère sera mort, celui qui sera auprès
» de lui s'emparera du registre des messes, de celui des

» actes de baptême et des papiers de l'église ; c'est à
» quoi il veillera, surtout s'ils étaient confondus avec
» ceux de la famille du défunt.

» Deux des confrères en surplis ne quitteront point
» le cadavre qu'il ne soit enseveli. Le secrétaire étant
» instruit de la mort avertira tous les confrères afin
» qu'ils soient présents aux obsèques.

» Si l'office se fait le matin chaque confrère y assis-
» tera, dira la messe dans l'église où le corps doit être
» inhumé, et ceux qui, pour des raisons, ne pourront
» venir, la diront dans leur église pour le salut de
» l'âme du défunt. Le transport du corps étant fait à
» l'église on chantera la grand'messe..... Le directeur
» y dira la grand'messe, ou quelqu'autre qu'il commettra
» à sa place.....

» On conviendra du jour qu'on fera *la quarantaine,*
» qu'on célèbrera dans l'église où est enseveli le défunt,
» du consentement de son successeur.....

» Le jour de la conférence la plus proche *du bout de*
» *l'an,* le directeur de la dite Société captera (1) le jour,
» du consentement des confrères, pour faire l'anniver-
» saire. La messe sera chantée par M. le directeur de
» l'église (2) où est enseveli le défunt, ou dans celle du
» plus proche voisin : chaque confrère y dira la messe
» pour le repos de l'âme du défunt.. ..

» La charité que nous devons avoir pour nos confrères
» vivants et pour ceux qui sont morts serait défectueuse
» si nous nous contentions de prier pour *les premiers*
» seulement, lorsqu'ils sont malades, et pour *les seconds*
» le jour de leur décès, de quarantaine et de leur anni-
» versaire. Pour qu'elle soit véritable et parfaite,

(1) De *captare,* prendre.

(2) Curé de la paroisse.

» aucun des associés ne doit jamais monter à l'autel » pour offrir les saints mytères, qu'il ne fasse une » mémoire particulière des uns et des autres, des *vivants* » pour demander à Dieu qu'il leur donne les secours et » les grâces dont ils ont tous le plus grand besoin pour » s'acquitter dignement de leur ministère ; des *morts* » pour obtenir, par les mérites du sacrifice de paix, » un soulagement que la justice de Dieu leur refuse » peut-être encore et qu'ils ne peuvent obtenir que par » des prières.

» Tous les susdits règlements ont été proposés à tous » les vénérables curés de la conférence de Davayat et » lecture d'iceux faite en pleine assemblée, les susdits » règlements ayant été acceptés, agréés et approuvés » d'une commune voix par toute l'assemblée avec pro- » messe solennelle de leur part de s'y conformer et de » les exécuter, suivant leur teneur et leur forme, et » d'en rendre l'établissement plus authentique, tous » lesdits curés sont d'avis d'avoir recours à l'autorité de » de Monseigneur l'évêque de Clermont, leur légitime » pasteur, pour le suppléer de vouloir agréer et confir- » mer les susdits règlements, à l'effet d'avoir à l'avenir » leur plein et entier effet, et pour y parvenir ils ont » choisi leur vénérable confrère, le sieur Rellier, curé » de la Tourette, pour présenter, de la part de l'assem- » blée, à Sa Grandeur ledit règlement et en solliciter » l'homologation. »

Mgr Massillon approuva et autorisa les susdits règlements par un rescrit du 27 juin 1742, daté du château de Beauregard.

Après la mort de M. Rellier (1), qui arriva en janvier

(1) Nous transcrivons ici l'acte de décès de M. Rellier :
« M. Alexandre Rellier, prêtre et curé de la paroisse d'*Issat* la

1747, Guillaume Désaix, de Veygoux, fut nommé curé d'Yssac-la-Tourette, et la conférence de Davayat renouvela la *Société de secours mutuel* et nomma pour son président le sieur Dujouhannel, qui avait succédé à M. Goyon, curé de Saint-Bonnet-las-Champs, et pour secrétaire Barthélemy, curé de Prompsat. Au procès-verbal, rédigé à ce sujet, assistèrent et signèrent : Dallet, curé de Beauregard-Vendon ; Madour, curé de Varennes et des Martres; Eve, curé de Gimeaux; Servat, curé de Saint-Coud de Châtelguyon ; Gaillard, curé de Teilhède; Sonier, curé de Villeneuve ; Chambon, curé de Davayat; Servoin, curé d'Aubiat ; Désaix, curé de la Tourette, et Vessière, curé de Cellule.

M. Désaix (1) fut nommé, en 1747, curé de la Tourette

» Tourette, âgé d'environ cinquante ans, est décédé muni des » sacrements, le 27 janvier mil sept cent quarante-sept, et a été » enseveli dans l'église de Saint-Joseph de la Tourette en présence » de M. Dallet, curé de Beauregard-Vendon ; de Barthélemy, curé » de Prompsat ; de Chambon, curé de Gimeaux ; de Madour, » curé de Varennes ; de Goyon, curé de Saint-Bonnet ; de Gervat, » curé de Châtelguyon ; de Gaillard, curé de Teilhède, et de » Bonnefond, chanoine. »

On voit, d'après l'acte de décès de M. Rellier et celui de M. Désaix, que l'église de la Tourette était autrefois sous le patronage de saint Joseph : c'est en 1802 qu'elle prit celui de saint Saturnin d'Yssac, en s'appelant Yssac-la-Tourette.

(1) Dans l'acte de décès de M. Désaix, que nous rapportons ci-après, il faut remarquer l'église de la Tourette sous le patronage de saint Joseph et le nom des *associés* de la conférence de Davayat.

« L'an mil sept cent soixante-quatorze et le trente septembre, » Messire Guillaume Désaix, curé d'Yssac-la-Tourrette, âgé d'en- » tour cinquante-cinq ans, décédé hier, a été enterré dans l'église » de saint Joseph de la Tourette par messieurs de la Société de » Davayat et de ses confrères, en présence de Messire Antoine » Désaix, chevalier, seigneur de Veygoux, son frère, de Messire » Louis Désaix, ancien capitaine d'infanterie, chevalier de l'ordre » royal militaire de Saint-Louis, son frère, et de plusieurs parents » et amis qui ont signé avec nous, de la conférence de Davayat. » — Désaix de Veygoux, — Désaix, — Porte, curé de Charbon- » nières-les-Varennes, directeur de la Société et conférence de et resta à la tête de cette paroisse jusqu'en 1774. Vers la dernière année de sa vie il obtint pour vicaire le sieur Demichel qui ne vicaria qu'un an. Vint ensuite M. Chassaing qui resta curé depuis 1774 jusqu'en 1783. Nous trouvons ensuite inscrit sur les registres de la Mairie le nom de M. Arnaud, qui répara l'église de la Tourette et administra la paroisse jusqu'en 1793.

En 1787 ou 1788, M. Arnaud, pour préserver son troupeau contre l'impiété, qui était l'avant-coureur de la révolution déjà menaçante, fit venir à la Tourette le R. P. Gachon, missionnaire du diocèse, dont le nom est encore prononcé avec respect et pieux souvenir sous le chaume des montagnes de l'Hermitage et de celles d'Ambert, où il mourut en odeur de sainteté aumônier de l'hôpital en 1813.

A cette époque, M. Arnaud se cacha tantôt dans la maison Cailhe, tantôt chez MM. De Fretat et Chamerlat; il donna ses soins et son zèle aux habitants de la Tourette qui lui prêtèrent secours et asile pendant la tourmente révolutionnaire.

Lorsque la révolution continuait son œuvre de destruction à travers les ruines fumantes et les débris sanglants qu'elle amoncelait sur son passage, bientôt parut l'édit qui fermait les églises, bannissait les prêtres, proscrivait le culte et livrait les pieuses images des saints et les monuments religieux à l'incendie, à la profanation, à la destruction. Les habitants de la Tourette, saisis d'effroi et d'indignation, ne pouvaient comprendre de quel droit la République leur enlevait leur Dieu et

» Davayat, — Groisne, curé de Teilhède, — Charrier, curé de Cellule, » — Blanchier, curé de Gimeaux, associés. » (Archives de la commune de la Tourette.) — M. Désaix était un grand oncle du général Désaix, qui suivit la fortune du général Bonaparte en Egypte et mourut à Marengo.

leur prêtre. Aussi, lorsque les agents du gouvernement voulurent profaner l'église d'Yssac, les habitants de ce village s'y portèrent en foule pour en sauver les pieuses richesses. A la nouvelle de cette résistance, Couthon, représentant du peuple, qui terrorisait l'Auvergne, ordonna « que l'église du ci-devant prieuré et la chapelle de la » Tourette, centre de révolte et de rébellion contre » la République française, seraient brûlées, leurs fonde» ments rasés..... que le curé dudit lieu et plusieurs » habitants convaincus du crime de révolte seraient » traduits devant le tribunal révolutionnaire pour subir » la peine de leurs forfaits. » Lorsque cette proclamation parvint aux habitants de la Tourette, ceux-ci résolurent d'épargner de nouveaux crimes à la révolution. Le curé Arnaud et ceux des habitants les plus compromis se cachèrent; les autres dépouillèrent l'église d'Yssac de ses ornements les plus précieux, mirent les cloches à l'abri et sauvèrent le beau rétable dont nous avons parlé. Comme l'église de la Tourette était menacée de la même destruction, ils enlevèrent l'autel, les statues et les objets du culte, la remplirent de foin et d'autres objets qui en changeaient la destination, firent un grand feu sur la place publique en laissant croire qu'on y avait brûlé les saints.

Pendant que la révolution cherchait à faire oublier Dieu qu'on avait proscrit de ses temples, la population de la Tourette se réunissait, pendant les ténèbres de la nuit, dans un lieu caché, devant les saintes images des saints et les tableaux du rétable, pour y entendre la sainte messe célébrée par M. Arnaud; et lorsqu'on était privé de cette consolation on récitait les prières de la messe en cachette devant les saintes images, durant les ténèbres de la nuit, puisqu'il n'était plus permis de le faire en plein jour. La Tourette conserva sa foi et sa piété jusqu'à ce que vinrent des jours meilleurs, et le culte rétabli par la sagesse du premier consul. On pense que M. Arnaud, accablé d'infirmités et de chagrins, mourut vers 1800, à Beauregard-Vendon, dans sa famille (1).

Après le concordat, en 1802, la Tourette fut réunie à la paroisse de Davayat et resta sans curé jusqu'en 1811, où Mgr de Dampierre, touché de la demande légitime des habitants, érigea la Tourette en chapelle vicariale avec toutes les fonctions curiales. — M. Raynaud, beau-frère de M. Chaduc, notaire à Davayat, fut nommé curé de la Tourette, où il resta depuis 1811 jusqu'en 1820. Après son décès, il fut remplacé par M. Parret de 1820 à 1824, époque où il devint curé de Beauregard-Vendon. De 1824 jusqu'en 1826, la cure de la Tourette fut occupée par M. Mathivon, qui mourut poitrinaire. M. Couturier (2) lui succéda pendant un an, de 1826 à 1827, où il fut nommé curé de Davayat; il est mort plus tard curé de Lezoux. De 1827 à 1837, M. Viallon, de Job, curé de Saint-Beauzire, demanda la paroisse de la Tourette. Comme il était maladif et d'une santé délicate, il obtint M. Douarre, de la Forie, son compatriote pour vicaire. M. Viallon, avec le concours de M. Douarre, son vicaire, fit agrandir l'église d'une travée et fit faire le clocher actuel. De 1837 à 1839, M. Bujadoux succéda à M. Viallon; mais en 1839, sur la demande des habitants et les instances de Mme Spy des Ternes, M. Douarre fut nommé curé de la Tourette et y resta jusqu'en 1842 où il partit pour l'Océanie. C'est sous son ministère que furent

(1) Tradition orale. — Témoignage des anciens. — Notes dues à l'obligeance de M. l'abbé Monier, de la Tourette. — Recueil de mes souvenirs historiques.

(2) Il avait été précepteur de M. de Vissaguet au château de Montaclier sur la paroisse de Gimeaux.

construites les deux chapelles latérales de l'église qui lui donnent une forme si régulière de croix grecque.

M. Rabany succéda à M. Douarre et resta curé depuis 1842 jusqu'en 1862. Il avait acheté l'emplacement où se trouve aujourd'hui le presbytère actuel. Avant de mourir, il avait commencé les réparations intérieures de l'église que nous avons eu la consolation d'achever pendant les premières années de notre ministère. La bonne et pieuse population de la Tourette, depuis 18 ans que nous sommes au milieu d'elle, n'a cessé de nous honorer de sa confiance, de nous seconder de ses sacrifices et de son zèle pour la décoration de la maison de Dieu et le bien de la paroisse. Puisse-t-elle en recevoir un jour au centuple la récompense dans le ciel ! Puisse-t-elle aussi se conserver pure et catholique au milieu du siècle troublé où nous vivons ! Que le ciel prolonge la trame des jours de nos bons paroissiens de toute l'étendue de notre estime, de notre dévouement, de notre affection et de notre reconnaissance !

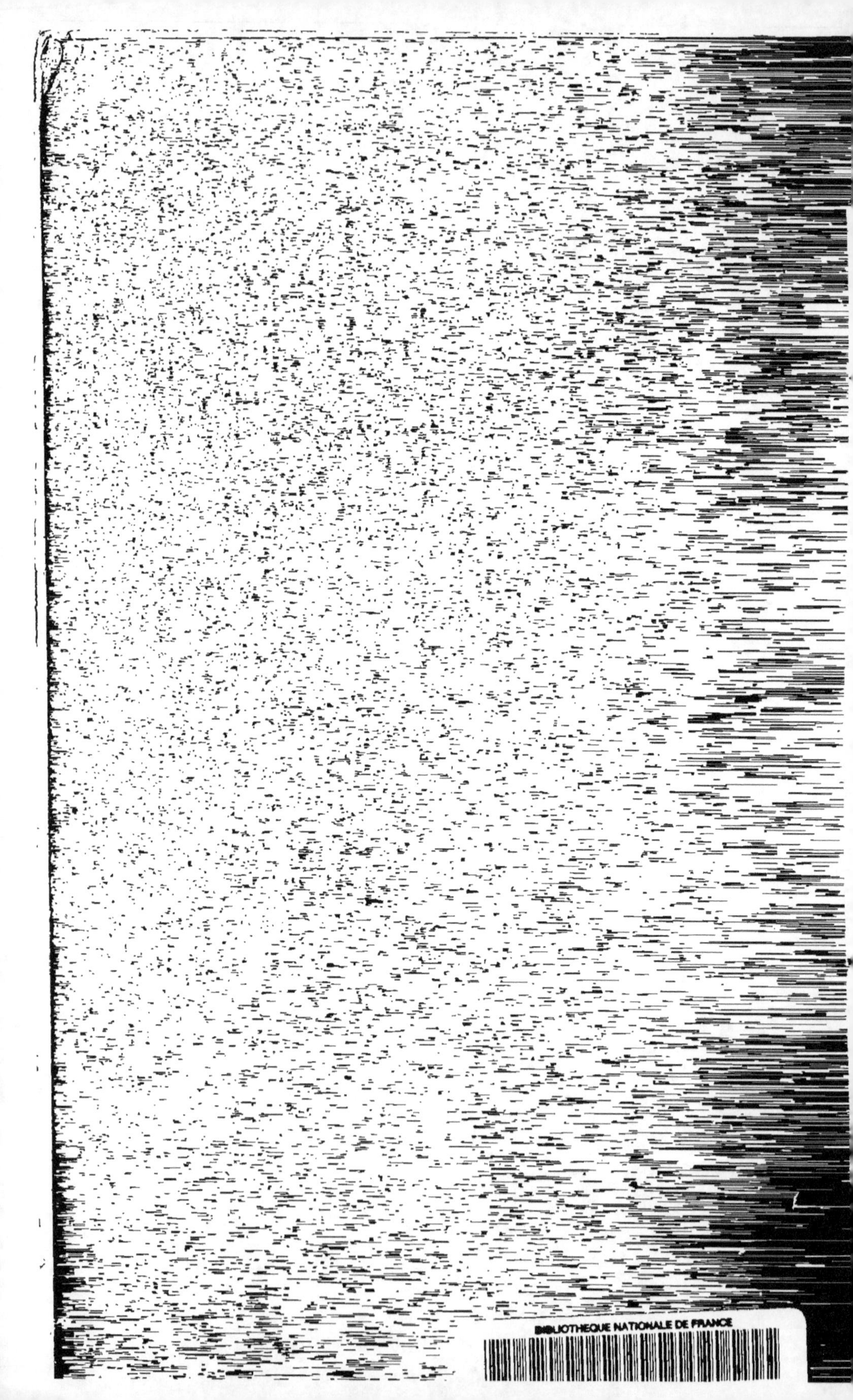
BIBLIOTHEQUE NATIONALE DE FRANCE

www.ingramcontent.com/pod-product-compliance
Lightning Source LLC
LaVergne TN
LVHW020446230826
846091LV00004B/1561
9782011910905